Luise Berthold
Erlebtes und Erkämpftes

Luise Berthold

Erlebtes und Erkämpftes

Rückblick einer Pionierin der Alma-Mater

Herausgegeben
von
Marita Metz-Becker

ULRIKE HELMER VERLAG

Die Deutsche Bibliothek – CIP-Einheitsaufnahme

Ein Titelsatz für diese Publikation ist bei der
Deutschen Bibliothek erhältlich.

Die Deutsche Bibliothek – CIP Cataloguing-in-Publication-Data

A catalogue record for this publication is available
from Die Deutsche Bibliothek

ISBN 3-89741-269-9

Covergestaltung: Atelier KatarinaS / NL
unter Verwendung eines Fotos von Luise Berthold (© Bildarchiv Foto Marburg,
Nr. fmz 34411; desgleichen das Foto auf S. 2, Nr. 39)
Druck und Bindung: Wilfried Niederland Verlagsservice, Frankfurt am Main
Printed in Germany

Gesamtverzeichnis sendet gern: Ulrike Helmer Verlag,
Altkönigstraße 6a, D-61462 Königstein/Taunus
E-mail: info@ulrike-helmer-verlag.de

www.ulrike-helmer-verlag.de

INHALT

EINLEITUNG

Liebe Leserin, lieber Leser,

mit dem Erlass des Ministers der geistlichen, Unterrichts- und Medizinalangelegenheiten vom 18. August 1908 erhielten Frauen im Königreich Preußen die Möglichkeit, sich ordentlich zu immatrikulieren. Preußen folgte mit diesem Erlaß den süddeutschen Ländern, die schon einige Jahre zuvor die Türen der Almer Mater für Frauen geöffnet hatten. An der Philipps-Universität Marburg immatrikulierten sich daraufhin im Wintersemester 1908/09 27 junge Frauen, darunter einige Ausländerinnen, fehlten doch noch vielen deutschen Frauen die Bildungsvoraussetzungen, um ein Studium aufzunehmen.

Luise Berthold (geb. 1891) hatte das Glück, in Berlin die von Helene Lange, der Mitbegründerin der bürgerlichen Frauenbewegung, organisierten Gymnasialkurse besuchen zu können. Von daher konnte sie im Jahre 1909 ihr Studium der Altgermanistik in Berlin aufnehmen und gehört damit zu der ersten deutschen Studentinnengeneration.

Der Weg in die Wissenschaft war für Luise Berthold in dieser Weise geebnet worden, doch bis sie ihr Berufsziel, die Professur, erreichte, hatte sie viele unerfreuliche Erfahrungen machen müssen. So schreibt sie mit Verbitterung, dass sie sich über die Ernennung zur Professorin im Jahre 1952 nicht mehr „aus freien Herzen" habe freuen können. Als erste Dozentin und Professorin der Philipps-Universität wollte Luise Berthold auch erreichen, dass Frauen im Wissenschaftsbetrieb beispielsweise durch die weibliche Anrede wahrgenommen werden. Sie begründete ihre Eingabe wie folgt: „Dem Vergessen in Worten entspricht nur zu leicht auch das in Taten, zum Beispiel bei der Berufung von Frauen auf Lehrstühle." Beide Forderungen, durchgängig weibliche und männliche

Formen zu nutzen sowie die vermehrte Einstellung von Frauen auf Professuren, sind auch heute noch aktuell.

Wir wünschen der Neuauflage der Autobiographie von Luise Berthold im Rahmen des Jubiläums „100 Jahre Frauenstudium an der Philipps-Universität Marburg“ viele Leserinnen und Leser, die anhand der Aufzeichnungen interessante historische Aspekte in Bezug auf das Frauenstudium und Frauen in der Wissenschaft sowie der Marburger Universitätsgeschichte kennen lernen können. Als scharfe Beobachterin und engagierte Bürgerin beschreibt Luise Berthold auch die politischen Zustände in ihrer Zeit, so dass die Autobiographie in vielerlei Hinsicht eine anregende Lektüre darstellt.

Dem Marburger Universitätsbund sowie dem Deutschen Akademikerinnenbund danken wir recht herzlich für die großzügige finanzielle Unterstützung.

Prof. Dr. Babette Simon
Vizepräsidentin für Nachwuchsförderung und Gleichstellung der Philipps-Universität Marburg

Dr. Silke Lorch-Göllner
Frauenbeauftragte der Philipps-Universität Marburg

LUISE BERTHOLD

ELISABETH DE SOTELO

Erst um die Jahrhundertwende ist es den Frauen in Deutschland gelungen, sich den Zugang zu den Universitäten zu erkämpfen. 1887 unternahm Helene Lange den entscheidenden Schritt, eine Petition an das Preußische Kultusministerium und das Abgeordnetenhaus zu stellen. Unter Beilage ihrer Schrift „Die Höhere Mädchenschule und ihre Bestimmung“ verlangte sie als Sprecherin der bürgerlichen Frauenbewegung den Abschluss der Höheren Mädchenschule mit dem Abitur und damit die Zugangsberechtigung zu den Universitäten. Nach der abschlägigen Antwort des Ministeriums organisierte Helene Lange allen Widerständen zum Trotz in Berlin die ersten Gymnasialkurse mit externer Abiturprüfung, an denen Luise Berthold teilnahm.

So war Luise Berthold schon in ihrer Jugendphase eingebettet in die sehr aktive Frauenbildungsbewegung. Diese Erfahrung hat sie für das ganze Leben geprägt, sie bildete das Fundament ihrer weiteren Entwicklung, ihres Durchhaltevermögens und eines gewissen Unberührtbleibens von den vielen frauenunfreundlichen Zuschreibungen. Pionierin zu sein, gehörte bis zu ihrer Emeritierung zu ihrem Lebensgrundgefühl.

Und wahrlich, der Werdegang von Luise Berthold war nicht leicht. Der bekannte Physiologe Professor Dr. Theodor von Bischoff, führte 1872 die Diskussion gegen die Studierfähigkeit der Frauen an, die er naturwissenschaftlich zu untermauern versuchte. Hedwig Dohm antwortete ihm unmittelbar mit spitzer Zunge in ihrer 1874 erschienenen Schrift „Die wissenschaftliche Emanzipation der Frau“. Doch in einer patriarchalischen Kultur sind die Vorurteile hinsichtlich der geistigen Möglichkeiten von Frauen tief verankert. Noch 1908, dem Jahr, in dem Preußen die Universitäten für Frauen öffnete – allerdings mit der Einschränkung, dass die Professoren selbst darüber zu befinden hatten, inwieweit sie Frauen zu ihren Veranstaltungen zulassen wollten -, noch in diesem Jahr konnte der Mediziner Paul Julius Möbius sein Buch „Über den physiologischen Schwachsinn des Weibes“ mit Erfolg vermarkten und breit diskutieren.

Allerdings hielten inzwischen die meisten Professoren das Studieren von Frauen für „unvermeidlich“, viele jedoch weigerten sich beharrlich, eine „Versuchsstation der deutschen Frauenbewegung“ zu werden. Aus diesem Grunde musste Luise Berthold die Friedrich-Wilhelm-Universität Berlin verlassen. Jahre später erlangte Luise Berthold die venia legendi für Deutsche Philologie.

Nach ihrer behüteten Kindheit und Jugend, ihrer mit großer Befriedigung verbundenen wissenschaftlichen Tätigkeit, ihrer durchaus unüblichen Karriere, erarbeitet auch mit Hilfe der Erfüllung weiblicher Normen von Fleiß und Bescheidenheit, wurde all ihren Leistungen und Werten durch die Herrschaft des Nationalsozialismus der Boden entzogen. Die moralische Verwüstung der NS-Zeit bremste ihre weitere Entwicklung, erschütterte Luise Berthold tief und gab ihr eine neue Zielsetzung: An der Festigung demokratischer Strukturen mitzuwirken, stand fortan im Fokus ihrer Aktivitäten.

Daher engagierte Luise Berthold sich nach 1945 in vielen öffentlichen Gremien, trat in die FDP ein, wurde Stadtabgeordnete von Marburg und nahm in Berlin vom 19.-21. Juni 1949 am Gründungskongress des Deutschen Akademikerinnenbundes teil. Mit Agnes von Zahn-Harnack und Marie-Luise Lüders, die zu den Gründungsmitgliedern des Deutschen Akademikerinnenbundes im Jahr 1926 gehörten, war sie schon lange Zeit freundschaftlich verbunden. Im 1949 wieder entstandenen DAB bekleidete Luise Berthold bis 1957 das Amt der Vorsitzenden des Hochschulausschusses und setzte sich aktiv für die Verbesserung der Lage der Dozentinnen an den Hochschulen ein. Sie leistete Großartiges.

Die vom DAB 1953 herausgegebene Statistik „Entwicklung und Lage der weiblichen Lehrkräfte an den Wissenschaftlichen Hochschulen Deutschlands“ wies die Rückständigkeit Deutschlands im europäischen Vergleich nach. Luise Berthold nahm 1955 als Sprecherin des DAB an der Honnefer Reformkonferenz teil und konnte folgende Empfehlung einbringen: „Wo geeignete weibliche Hochschullehrer zur Verfügung stehen, sollten die Fakultäten auch sie für die Besetzung des Lehrstuhls in Erwägung ziehen." Diese Stellungnahme des DAB wurde 1957 von der Westdeutschen Rektorenkonferenz aufgenommen. Das war in der Bundesrepublik Deutschland der Beginn der Forderungen von Wissenschaftlerinnen nach gleichwertiger Anerkennung im Hochschulleben.

Luise Berthold ist eine herausragende Persönlichkeit des DAB. Nach der Erkämpfung einer eigenen wissenschaftlichen Karriere setzte sie sich für die Gleichbehandlung von Frauen in der Wissenschaft ein. Wir freuen uns, dass mit der Herausgabe ihrer Autobiographie „Erlebtes und Erkämpftes. Ein Rückblick" die historische Frauenforschung um eine Facette reicher geworden ist.

LUISE BERTHOLD – ERSTE PROFESSORIN DER PHILIPPS-UNIVERSITÄT MARBURG

VON MARITA METZ-BECKER

Die Marburger Wissenschaftlerin und Hochschullehrerin Luise Berthold (1891-1983) gehörte, nachdem 1908 das Frauenstudium eingeführt worden war, zu den ersten Studentinnen Deutschlands. Anschließend zählte sie zu den ersten Frauen, die an deutschen Hochschulen promoviert wurden, um dann, nach Einführung des Habilitationsrechts für Frauen, zur ersten Professorin der Philipps-Universität Marburg zu avancieren.

In ihrer Autobiographie „Erlebtes und Erkämpftes" ist dieser steinige Weg beschrieben, den sie als Pionierin in der Männerbastion Alma Mater zurückgelegt hat. Trotz des andauernden Kampfes, vieler Niederlagen und Rückschläge sind die Erinnerungen von dem ihr eigenen Humor und einem Selbstbewusstsein getragen, das ihr im Laufe ihres langen Lebens bei mancher Hürde hilfreich war. Angelegt wurde dieses Selbstbewusstsein in ihrem liberalen Elternhaus, gefestigt wurde es durch die bürgerliche Frauenbewegung des ausgehenden 19. Jahrhunderts, die die Hochschulzugangsberechtigung für Frauen erkämpft hatte, und konsolidiert hat es sich an der Hochschule, an der Luise Berthold ihren Platz behauptete, zunächst als Studentin, dann als einzige Professorin über einen Zeitraum von fast drei Jahrzehnten, bis 1952 eine zweite Frau an die Marburger Universität berufen wurde.

Luise Bertholds Erinnerungen stehen damit prototypisch für eine Frauengeneration, die sich diesen Weg alleine bahnen musste, bar aller weiblicher Vorbilder, nur auf sich selbst gestellt, getragen von der Vision der Gleichberechtigung im öffentlichen wie beruflichen Leben und unverzagt auf die eigenen Stärke bauend. Für nachfolgende Wissenschaftlerinnen war diese „Müttergeneration“ beispielgebend.

Ihren Erinnerungen gab sie den Titel „Erlebtes und Erkämpftes. Ein Rückblick“, sie hätte als Untertitel auch wählen können: „Ein steiniger Weg“. Die Situation von Frauen an der Universität war zu Beginn des 20. Jahrhunderts keineswegs rosig. Im Wintersemester 1908/09 immatrikulierten sich die ersten Studentinnen an preußischen Universitäten, nachdem die bürgerliche Frauenbewegung den Weg hierfür geebnet hatte. Bedenkt man, dass die erste Universität auf deutschem Boden 1348 in Prag ihre Pforten öffnete, so wird deutlich, dass Frauen mehr als ein halbes Jahrtausend aus dieser Bildungseinrichtung ferngehalten wurden. Die Gründe hierfür sind vielfältig und können an dieser Stelle nicht ausdiskutiert werden, festgehalten werden soll aber doch, dass es die Frauen selbst waren, die sich – oftmals gegen erbitterten Widerstand – den Zugang zur Alma Mater erkämpft haben. Zunächst das Frauenstudium als solches, dann das Promotions- und Habilitationsrecht und mit letzterem die Befugnis, an der Universität lehren zu können. Damit konnten sukzessive jahrhundertealte patriarchalische Strukturen aufgebrochen werden, sowohl was den Lehr- und Verwaltungskörper als auch was die Inhalte in der Wissenschaft betraf.

Im Jahr 1870 hatte der Marburger Historiker Heinrich von Sybel es noch für unwahrscheinlich gehalten, „dass wir demnächst weibliche Professoren und Regierungspräsidenten erleben werden“, 100 Jahre später war dies längst eingetreten, wenn auch zahlenmäßig noch nicht sehr überzeugend.

Heute sind rund 50% der Studierenden weiblich und immer mehr Frauen – inner- wie außerhalb der Hochschule – sind auch in Führungspositionen anzutreffen. Diese Entwicklung war allerdings vom Kampf gezeichnet, vom Kampf um das Recht auf Bildung für Frauen und gleiche Berufschancen, ein Kampf, der nicht frei von Rückschlägen und Enttäuschungen war und der im Grunde noch immer andauert.

Mit dem Eintritt von Frauen in die deutschen Hochschulen begann ein neues Kapitel in der Universitätsgeschichte. Dieses lässt sich mit Luise Bertholds autobiographischen Aufzeichnungen sehr plastisch nachvollziehen. Die Hälfte der hundertjährigen Geschichte des Frauenstudiums ist in ihren Erinnerungen abgedeckt: Sie gehörte zu den ersten Studentinnen an der Berliner Universität, zu den ersten Frauen, die einen Doktortitel erwarben und sie war die erste Habilitandin, dann Dozentin und zuletzt Professorin an der Marburger Universität. Erst in den 50er Jahren gelangte eine weitere Frau in Marburg auf einen Lehrstuhl[1] und Luise Berthold hatte endlich eine Kollegin in der Männerdomäne „Alma Mater Philippina“.

Dabei war ihr eine solche Karriere keineswegs in die Wiege gelegt. Am 27.01.1891 wurde sie in einer Berliner Beamtenfamilie geboren, „die Geldlage“, schreibt sie, „war weder üppig noch ärmlich (...), nach dem frühen Tod meines Vaters wurde sie allerdings knapp“. Der Vater, ein Akademiker (Nationalökonom) starb bereits 1899, die Mutter, eine Försterstochter und nicht berufstätig, blieb mit sechs Kindern allein zurück ohne sich wieder zu verheiraten. Luise Berthold war beim Tod des Vaters acht Jahre alt. Besonders religiös wurde sie nicht erzogen, der Geist des Elternhauses wird in dieser Richtung von ihr mit „Kulturprotestantismus“ umschrieben. Dazu gehörte ein großer Bücherschrank, der, wie sich Luise Berthold erinnert, „die Klassiker ziemlich vollständig barg“. Luise besuchte mit ihren beiden Schwestern die Charlottenschule in Berlin, eine Höhere Töchterschule, während die drei Brüder ins Wilhelmsgymnasium gingen. Im Jahr 1906 wechselte sie nach neunjähriger Schulausbildung in die Chamissoschule, das Mädchenrealgymnasium von Berlin-Schöneberg. Um dies möglich zu machen, hatte ihr die Mutter in den letzten Monaten der Töchterschulzeit Privatstunden in Latein und Mathematik erteilen lassen. Die Mathematiklehrerin war es auch, die ihr den Rat gab, die Chamissoschule wieder zu verlassen und die „Gymnasialkurse für Frauen, begründet von Helene Lange“ zu besuchen. Diese führten in vier Jahrgängen zur Reifeprüfung, eine gerade erst für Mädchen eingeführte Möglichkeit, die Hochschulzugangsberechtigung zu erwerben, erkämpft von der bürgerlichen Frauenbewegung, die sich die Bildungsfrage auf ihre Fahnen

---

1 1952 wurde Elisabeth Blochmann erste Professorin für allgemeine Pädagogik an der Universität Marburg.

geschrieben hatte. Luise Berthold erinnert sich ausführlich an jene Zeit, Jahre, die sie „zu den Wichtigsten meiner Ausbildung, ja meines Lebens“ zählt. Am 31.08.1909 bestanden alle zwölf Mädchen des Kurses die Abiturprüfung und das Studium konnte beginnen. Im Herbst 1909 schrieb sich Luise Berthold in der Berliner Universität in das Fach Altgermanistik ein und erlebte sogleich eine Ernüchterung. Gustav Roethe, der Lehrstuhlinhaber, wollte keine Studentinnen in seinem Hörsaal sehen und machte von seinem „Reservatrecht“ Gebrauch, das er sich in seinen Berufungsverhandlungen ausbedungen hatte. Luise Berthold und ihre Kommilitoninnen mussten das Seminar verlassen und entweder ein anderes Fach studieren oder die Universität wechseln. Sie erinnert sich, wie sehr sie dieser Vorgang betroffen machte, mutlos jedoch nicht, denn dazu hatten ihr die Gymnasialkurse zu viel Selbstbewusstsein vermittelt: „Erschüttert hat es mich dagegen nicht und das deshalb nicht, weil der schöne Schwung den uns die ‚Kurse‘ mitgegeben hatten, mir Roethes Haltung als etwas völlig Obsoletes erscheinen ließ, als etwas, das im Grunde schon zum Absterben verurteilt war.“

Mit dieser Sicherheit verließ Luise Berthold die Berliner Universität und immatrikulierte sich in Jena, wo sie in der Altgermanistik auf fortschrittlichere Lehrer traf. Doch begegnete ihr hier ein anderes Hindernis: Das Thüringische Staatsexamen wurde in Preußen nicht anerkannt, so dass abermals ein Universitätswechsel anstand. Sie zog Göttingen in die engere Wahl, doch auch diese Universität kam nicht in Frage, „da der dortige Altgermanist Edward Schröder den Studentinnen auch alles andere als gewogen war“. Schließlich fiel die Wahl auf Marburg, das seit 1866 preußisch war und so kam es, schreibt sie, „daß ich Ende April 1912 über die große Lahnbrücke in Marburg einzog, ohne zu ahnen, daß ich damit meine Schicksalsstadt betreten hatte“.

In Marburg sollte ihre gesamte wissenschaftliche Karriere stattfinden, hier traf sie auf zukünftige Weggefährten und Förderer und auf Kommilitoninnen wie Gertrud von Le Fort und andere, mit denen sie täglich an dem „halb aus Männlein, halb aus Weiblein“ bestehenden Mittagstisch der Postratswitwe Friedrichs zusammentraf.

Nach ihrem Staatsexamen als Kandidatin des Höheren Lehramts erhielt sie von ihrem Lehrer Ferdinand Wrede eine Halbtagsstelle am Hessisch-Nassauischen-Wörterbuch, um sich ihrer Promotion widmen zu können, die sie bereits im Januar 1918 abschloss und mit geborgtem Geld zum Druck brachte. Ihr Lehrer und Förderer Prof. Wrede war es nun, der sie darin bestärkte, sich zu habilitieren, ein damals noch unerhörter Vorgang für eine Frau, Marburg hatte dergleichen jedenfalls noch nicht gesehen. An diese ‚Sternstunde ihres Lebens' erinnert sich Luise Berthold folgendermaßen: „Wrede erschien nun in meinem Arbeitsraum und erklärte mir mit einem Anflug von Feierlichkeit und mit Nachdruck dies: ‚Ich werde Ihnen mal was sagen: wir müssen Sie habilitieren. Das Zeug dazu haben Sie. Und dann können wir Ihnen wenigstens das Privatdozentenstipendium geben'". Doch war die Abfassung der Arbeit mit „merkwürdigen Nebenumständen" verbunden, denn man ermunterte sie, das Werk noch in der Amtszeit des seinerzeitigen Dekans fertig zu stellen, da dieser gegen Frauen nichts einzuwenden hatte, „wie der nächste Dekan denke, das wisse man hingegen nicht". „Damit", so Berthold, „drückte er mir die Schlüssel des Sprachatlas in die Hand und ermunterte mich zu eifriger Nachtarbeit". Dieser enormen Arbeitsbelastung hielt Luise Berthold stand und hielt am 08.12.1923 ihre Antrittsvorlesung über „Stand und neue Wege der Eckhart-Forschung" in „einem geborgten Feierkleid", denn ihre finanziellen Mittel waren nach wie vor bescheiden.

An diesem Tag war sie nun zur ersten und für 22 Jahre einzigen Dozentin Marburgs geworden und eine der ersten Hochschullehrerinnen deutschlandweit. „Das habe ich denn auch zu spüren bekommen", schreibt sie, denn was nun auf sie zukommen sollte, waren außerordentlich schwierige Jahre. An der Männerbastion Universität gab es keine weiblichen Vorbilder und Luise Berthold musste sich ihren wissenschaftlichen Weg gegen viele Widerstände bahnen. Dennoch war sie sich sofort darüber im Klaren, als Hochschullehrerin „nun genau an der Stelle zu stehen, an die ich auch gehörte". Ohne dieses Selbstbewusstsein hätte ihre wissenschaftliche Karriere sicher nicht diesen Verlauf genommen. Ihre Vorlesungstätigkeit nahm sie im Sommer 1924 auf, wohl wissend, dass ihre Kollegs von den Kollegen und Studenten kritisch beäugt wurden, doch man fand keine Beanstandungen, ganz im Gegenteil, denn, „das, woran man selbst Freude hat, pflegt in der Regel auch zu gelingen“. Im Lehrkörper gehörte sie zur Gruppe der Nichtordinarien, zu deren Vertreterin sie dann auch in den Jahren 1928 bis 1931 in die engere Fakultät gewählt wurde. 1930 ernannte man sie zur apl Professorin, doch konnte dieser „Titel ohne Mittel“ ihre finanzielle Lage nicht gerade verbessern. Der Ruf an eine auswärtige Universität hätte ihr abhelfen können, doch diese Chancen sanken 1933 geradezu auf den Nullpunkt. In Marburg fügte es sich jedoch, dass Luise Berthold nach dem Tod ihres Kollegen Wrede mit der Leitung des Hessisch-Nassauischen-Wörterbuchs betraut wurde, einer wissenschaftlich höchst verantwortlichen Stelle, allerdings undotiert, so dass sie weiterhin nur über die Einnahmen ihres Lehrauftrags verfügte.

Die Zeit nach Hitlers Machtergreifung wurde für die junge Dozentin nun die schwerste an der Universität, denn das nationalsozialistische Regime wollte Frauen nicht als mündige Bürgerinnen, sondern am Herd und im Gebärbett, später vielleicht noch in der Rüstungsindustrie, keinesfalls jedoch am Katheder sehen. Die Universität verlor nun ihre Autonomie und führte das Führerprinzip ein, so dass die jetzt gewählten Rektoren allesamt stramme Nationalsozialisten waren.

„Im Unterricht“, erinnert sich die Altgermanistin Berthold, „erfuhr ich persönlich keine Beschränkung. Das Gotische, Althochdeutsche und Mittelhochdeutsche gehörte nicht zu den gleichzuschaltenden Fächern“. Doch im Lehrkörper machten sich die Folgen des neuen Regimes sehr bald bemerkbar. Es begann mit dem Freitod des jüdischen Kollegen Hermann Jacobsohn im April 1933 und der ‚Zwangsbeurlaubung‘ des Nationalökonomen Wilhelm Röpke, der ins Exil ging und erst 1946 wieder deutschen Boden betrat. Im Jahr 1934 wurden den Kollegen Friedrich Heiler, Heinrich Hermelink und Hans von Soden ihre Ämter entzogen. Im Folgejahr rollte eine neue Welle gegen die jüdischen Hochschullehrer an. Dem Privatdozenten Karl Löwith wurde die Lehrbefugnis aberkannt und die Professoren Erich Auerbach (Romanistik), Erich Frank (Philosophie) und Paul Jacobsthal (Archäologie) zwangsemeritiert. Wegen nicht arischer Verheiratung folgten endlich noch 1937 der Pädiater Ernst Freudenberg und 1938 der Privatdozent Johannes Klein. Dieser Aderlass war verheerend, hatte man doch mit genau jenen Gelehrten die hervorragendsten Vertreter ihres Faches von Lehre und Forschung suspendiert. Doch das Regime war offenbar bemüht, „ganze Sachen" zu machen und ordnete obendrein noch eine Bücherverbrennung von exorbitantem Ausmaß an. Luise Berthold schildert diese Jahre mit großer Offenheit. Sie erinnert sich, dass es im Lehrkörper ‚wilde Nazis' gab, dass aber die Hauptmasse solche bildeten, die „mitliefen und wenige, die sich für ihre jüdischen Kollegen einsetzten". So half man etwa dem Kollegen Klein durch eine private Hilfsaktion unter den Hochschullehrern aus seinen Geldnöten, damit er nach Schweden emigrieren konnte. Vor diesem Hintergrund konnten die Amerikaner 1945 relativ rasch ein Team von solchen Dozenten aufstellen, die als unbelastet galten „und die das auch fast ausnahmslos waren". Zu diesem Team gehörte auch die einzige Frau an der Universität: Luise Berthold.

Ihr berufliches Überleben in dieser Zeit hatte sie unter anderem dem Umstand zu verdanken, dass das Wörterbuch ein Unternehmen der Preußischen Akademie der Wissenschaft und mit der Universität bis 1939 formell nicht verbunden war, später auch nur lose. Als Nicht-Parteimitglied, dagegen aber der „Bekennenden Kirche" beigetreten, war ihre Lage dennoch mehr als prekär. Daran, einen eigenen Lehrstuhl zu fordern, war beispielsweise gar nicht zu denken, diesen erhielt sie erst 1952, fast 30 Jahre nach ihrer Habilitation!

Gesellschaftlich vereinsamte Luise Berthold in jenen Jahren, „weil man sich gegenseitig nicht mehr traute. Im kleinen Kreis der Ablehnenden konnte man allerdings noch zusammen kommen (...). Aber man stand im Ganzen doch vereinsamt da". Sie begab sich in die ‚innere Emigration' und musste erleben, wie Marburg ‚judenfrei' gemacht werden sollte und aus ihrem Freundeskreis immer mehr verschwanden: Hedwig Jahnow, die nach Theresienstadt deportiert wurde oder Marie-Luise Hensel, die einer jüdischen Familie bei der Flucht helfen wollte und sich im Gefängnis das Leben nahm. All diese Erlebnisse und Erfahrungen brachten

Luise Berthold dazu, sich nach 1945 politisch zu engagieren, „um für die Zukunft solche Katastrophen auszuschließen".

Zunächst aber wählten die Amerikaner sie als unbelastete Dozentin in die Entnazifizierungs-Kammer und in ein Gremium von 30 Dozenten, gegen deren politische Haltung sie keine Bedenken hatten, das den neuen Rektor und Prorektor wählte, so dass am 25.09.1945 die Universität feierlich neu eröffnet werden konnte. Luise Berthold war fortan als Mitglied der engeren Fakultät auch wieder in der universitären Selbstverwaltung tätig. In dieser Funktion konnte sie verhindern, dass „das mühsam genug erkämpfte Frauenstudium" nicht wieder zum Erliegen kam, denn ein Kollege aus den Naturwissenschaften hatte vorgeschlagen, wegen Platzmangel die Frauen nicht zu berücksichtigen und den Kriegsteilnehmern den Vortritt zu lassen. „Wenn ich in dieser Sitzung", schreibt sie, „etwa wegen Erkältung gefehlt hätte, wäre der Vorschlag unter Umständen doch durchgekommen. Ja, da sich Derartiges schnell herumspricht, hätten andere Universitäten aus ähnlichen Nöten heraus vielleicht ähnlich gehandelt".

Stattdessen wurde in Marburg nun die zweite Frau – die Orientalistin Annemarie Schimmel – habilitiert, so dass sich Luise Berthold zu der Eingabe veranlasst sah, in den Umläufen die sich „an sämtliche Herren Professoren und Dozenten" wandten, auch die weibliche Anrede zu berücksichtigen: „Vielleicht lächelt mancher über meine Eingabe. Doch zu Unrecht. Dem Vergessen in Worten entspricht nur zu leicht auch das in Taten, zum Beispiel bei der Berufung von Frauen auf Lehrstühle. Ich hatte meine Erfahrungen."

Auch in der Kommunalpolitik setzte sich Luise Berthold für die Frauensache ein. Sie trat der LPD, später dann FDP, bei und wurde zur Stadtverordneten gewählt. Gemeinsam mit der Stadträtin Anne Marie Heiler war es ihr ein Anliegen, „endlich etwas für unsere Geschlechtsgenossinnen tun zu müssen, die durch die Männerbündelei des Dritten Reichs missbraucht und an den Rand des Geschehens gedrängt worden waren". So erschien in der Marburger Presse ab dem 01.04.1946 eine Frauenbeilage und es kam zur Gründung eines Frauenausschusses, der ein Jahr später in dem Marburger Überparteilichen Frauenverband aufging, in dem sich neun Frauen verschiedener politischer Richtung zusammenfanden, die sich politisch und sozial engagierten.

Am 25. Jahrestag ihrer Habilitation wurde Luise Berthold am 08.12.1948 wegen ihrer vielfachen Verdienste das Ehrendoktordiplom der Theologischen Fakultät überreicht. Dabei betonte das Diplom neben der wissenschaftlichen Würdigung auch ihre Zugehörigkeit zur Bekennenden Kirche und die seit 1945 geleistete Mitarbeiter in der Christlichen Nothilfe. Luise Berthold vermutet, dass bei der Ehrung auch mitgespielt hat, „daß die Theologische Fakultät damit die Zurücksetzung, die ich als Dozentin erfahren hatte und die ich auch jetzt noch erfuhr, etwas ausgleichen wollte".

Im gleichen Jahr nahm sie an der Neugründung des Deutschen Akademikerinnenbundes (DAB) in Berlin teil, der 1926 gegründet, aber im Dritten Reich zum Erliegen gekommen war, da seine Mitglieder die ihm auferlegte Gleichschaltung nicht mitmachten. Luise Berthold arbeitete im DAB als Leiterin des Hochschulausschusses, wo sie sich insbesondere für die Belange der Dozentinnen einsetze. Noch immer aber hatte sie selbst keinen eigenen Lehrstuhl, was für ihre demnächst anstehende Pensionierung fatale Folgen haben würde, da ihr kein ausreichendes Altersruhegeld zustand. Mehrere Anträge an das Kultusministerium waren abgelehnt worden, bis sich endlich ein Silberstreif am Horizont zeigte: Zwei weibliche Mitglieder des Landtages hatten mit Nachdruck auf die ungerechtfertigte Dauerzurücksetzung Luise Bertholds hingewiesen, so dass der Landtag endlich die Stelle bewilligte und ihre Ernennung zur Lehrstuhlinhaberin am 01.04.1952 endlich von statten ging. „Ich kann eigentlich nicht sagen, daß ich mich darüber aus freiem Herzen gefreut habe. Dafür war das Hin und Her von 49 bis 52 zu unerquicklich, ja zu bitter gewesen". Noch vor ihrer Pensionierung 1956 wurde Luise Berthold durch den Ministerpräsidenten Zinn in den Forschungsrat des Landes Hessen berufen, in dem sie mehrere Jahre arbeitete, wie sie überhaupt politisch und wissenschaftlich auch nach ihrer Emeritierung aktiv blieb. So war sie im Hauptausschuss der Marburger FDP tätig, wirkte im Kulturpolitischen Landesausschuss dieser Partei mit sowie im Deutschen Akademikerinnenbund, in dessen Auftrag sie eine

„Stellungnahme zu den Empfehlungen des Wissenschaftsrates" entwarf.

Nun kreuzte 1952 eine andere Frau ihren Weg: Es war die gleichaltrige Kollegin Elisabeth Blochmann, die während der nationalsozialistischen Herrschaft nach Oxford emigriert war und am 01.07.1952 an den neu errichteten Lehrstuhl für Pädagogik an die Philipps-Universität berufen wurde. „So sehr mich ihre Berufung auch freute und so sehr ich in ihr in Vielem eine natürliche Verbündete sah und auch fand, wir mußten uns doch erst etwas aufeinander einspielen. Denn wir waren nicht nur im Wesen ziemlich verschieden, sondern hatten auch recht verschiedene Lebensläufe hinter uns. Frau Blochmann hatte in Oxford unter Kolleginnen gelebt; ich aber war über 22 Jahre die einzige Dozentin gewesen und in diesem Bereich daher etwas einzelgängerisch geworden". Dennoch fanden sich Gemeinsamkeiten, vor allem in politischer Hinsicht: „Frau Blochmanns in England geschultes demokratisches Bewusstsein aber", schreibt Luise Berthold, „habe ich von Anfang an als eine wirkliche Bereicherung empfunden, für mich und auch andere."

1954 wurde Luise Berthold als FDP-Abgeordnete in die Verbandsversammlung des Landeswohlfahrtsverbandes Hessen gewählt, dem sogenannten „Sozialen Parlament Hessens". Hierbei erinnert sie sich an ein „Kuriosum", das auch heute noch zu denken geben dürfte: „Als Kuriosum sei erwähnt, daß der Präsident der Verbandsversammlung, als er mich am 23.01.1954 einführte, befriedigt äußerte, daß nun das Gleichgewicht der Geschlechter hergestellt sei. Es bestand in 44 Männern gegenüber mir als einziger Frau."

Im Jahr 1957 reichte Luise Berthold ihren Antrag auf Emeritierung ein, nun schon 66 Jahre alt und gesundheitlich angegriffen. Ihre Herzbeschwerden machten längere Kuraufenthalte nötig und so traf es sich gut, dass sich in Dr. Hans Friebertshäuser bald ein Nachfolger fand.

An ihrem 70. Geburtstag (1961) wurden ihr gleich mehrere Ehrungen zu teil, wie die Goetheplakette des Landes Hessen, das Ehrendoktordiplom der Juristischen Fakultät im Hinblick auf ihre Verdienste beim Hessisch-Nassauischen Wörterbuch, das sich auch mit dem Rechtsdenken auseinandersetzt, und die Ehrenmitgliedschaft in der Gesellschaft für Deutsche Sprache. Letzteres erfreute Luise Berthold besonders, „hat sie doch seit ihrer Gründung bis heute deren nur drei gewählt“.

Außerdem war sie Trägerin des Großen Bundesverdienstkreuzes, der Wilhelm-Leuschner-Medaille sowie der Freiherr-von-Stein-Plakette. Dies sind sehr viele Meriten, möchte man meinen, aber Luise Berthold war auch eine außergewöhnliche Frau und Wissenschaftlerin, wie es in der ersten Hälfte des 20. Jahrhunderts nur wenige in Deutschland gegeben hat.

Mit der Autobiographie Luise Bertholds liegt eine seltene, dafür umso wichtigere Dokumentation zum Thema ‚Frau und Universität’ vor. Die Erinnerungen zeigen uns Nachgeborenen den harten Kampf ums Frauenstudium und die schwierigen Anfänge der ersten vollimmatrikulierten Studentinnen, dann die sukzessive Durchsetzung der weiblichen bildungspolitischen Forderungen in der Weimarer Republik, gefolgt von der Terrorzeit des Nationalsozialismus mit ihrer Zerschlagung der Frauenbewegung, dem Ausschluss der Frauen aus dem Wissenschaftsbetrieb und der Emigration und Deportation vieler, die sich dem System nicht unterordnen wollten. Plastisch vor Augen steht uns dann in Luise Bertholds Erinnerungen der Neubeginn nach 1945 und die Frage nach dem Platz der Frau in der Alma Mater. Zögernd nur – bei ihr dauerte es bis 1952 – konnte sich der Status der Hochschuldozentin konsolidieren und es wurden weitere Frauen auf Lehrstühle berufen. Hier enden Luise Bertholds Erinnerungen. Erst in der zweiten Jahrhunderthälfte eroberten sich die Frauen dann wirklich den ihnen zustehenden Platz in Forschung und Lehre, insbesondere in Folge der sogenannten zweiten Frauenbewegung der 70er Jahre des 20. Jahrhunderts. Damit ist ein anderes Kapitel deutscher Universitätsgeschichte aufgeschlagen: Die Wege zur Gleichstellung der Geschlechter im Wissenschaftsbetrieb im Kontext einer allgemeinen strukturellen Demokratisierung der Hochschule und der Ausbau der Frauenförderung, Einstellung von Frauenbeauftragten an den Universitäten und Erstellung von Frauenförderplänen, die dahin zielen, dass Hochschullehrerinnen keine Ausnahmeerscheinungen, sondern eine alltägliche Selbstverständlichkeit in der akademischen Welt darstellen.

Zu dieser Selbstverständlichkeit gehören nun auch zunehmend weibliche Vorbilder, die jungen Studentinnen Mut machen und sie in ihren Karriereabsichten bestärken. Die historische Frauenforschung hat diesen Blick in die Geschichte geöffnet und klargestellt, dass unsere „Vormütter" und Wegbereiterinnen zur Identitätsstärkung beitragen, in dem die Vereinzelung durchbrochen wird und Frauen sich in einem tragfähigen weiblichen Kollektiv verankert sehen. Luise Berthold war dies noch nicht gegeben, sie kämpfte weitgehend allein auf breiter Flur, wenn auch die Universität Marburg bereits im Jahr 1827 zwei weibliche Doktordiplome vergeben hatte, noch fast 100 Jahre vor Einführung des Frauenstudiums. Eines ging an die Pariser Hebamme Anne Victorine Boivin-Gillain und das andere an die Philosophin Johanna Wyttenbach, zwei gelehrte Frauen, die sich ihr Wissen außerhalb der Bildungsinstitution Universität erworben hatten. Boivin-Gillain schrieb ein Lehrbuch zur Geburtshilfe aufgrund der Erfahrungen, die sie sich in ihrer alltäglichen Praxis als Hebamme in der Pariser Maternité erarbeitet hatte, ein Werk, das auf über 20.000 empirischen Beobachtungen beruhte und an dessen Qualität kein anderes zeitgenössisches Lehrbuch heranreichte. Johanna Wyttenbach wurde der Ehrendoktor für ihr weit ausgedehntes popularphilosophisches Werk verliehen, dem ein Wissen zugrunde lag, das sie sich, aus einer berühmten Philosophenfamilie stammend, aufgrund autodidaktischer Studien erworben hatte. Beide Frauen waren Ausnahmefrauen, ihr Platz an der Universität noch keineswegs gesichert, ja noch nicht einmal angedacht, und doch sind auch sie Beweis dafür, dass weibliche akademische Leistungen auch in der Geschichte schon immer präsent waren, aber nicht unbedingt von der offiziellen Geschichtsschreibung wahrgenommen wurden, wie auch die beiden Marburger Wissenschaftlerinnen des frühen 19. Jahrhunderts, denen in der großen Universitätsgeschichte von Hermelink und Kaehler[2] aus dem Jahr 1927 kein Platz zuteil wurde.

2 Die Universität Marburg 1527-1927, hg. v. Hermelink und S. A. Kaehler, Marburg 1927 (865 Seiten).

Luise Berthold musste ihren steinigen Weg in der Männerbastion Universität durchaus alleine gehen – uns Nachgeborenen zeigt sich ein ganz anderer Hochschulalltag mit über 50 % weiblichen Studierenden und 14 % Hochschullehrerinnen, und dennoch ist auch heute der Blick in die Geschichte dringend nötig, sowohl zur Selbstvergewisserung als auch zur Erkenntnis, dass ohne die Leistungen mutiger Wissenschaftlerinnen in der Vergangenheit sich die universitäre Gegenwart für Frauen weit weniger freundlich präsentieren würde.

Vor diesem Hintergrund ist auch das ‚Einzelschicksal' Luise Bertholds von eminenter Bedeutung. Sie beendet ihre Aufzeichnungen mit der Überlegung, dass zwar alle Einzelschicksale sehr klein seien, „und doch werden zu dem, was geschieht, die Bemühungen der Einzelmenschen Entscheidendes beitragen. Und das Geschehen wird wieder auf die Einzelmenschen und ihre Schicksale zurückwirken. Von da aus gesehen schien es doch nicht sinnlos, auch hier von einem Einzelmenschen und seinen Bemühungen zu berichten".

Marita Metz-Becker im März 2008

EIN RÜCKBLICK

MARBURG A.D.L. 1969

VORBEMERKUNG

Was für einen Sinn kann der Rückblick auf das eigene Leben haben? In jedem Fall den, daß man durch eine solche Rechenschaft sich selbst, dazu auch den nächsten Angehörigen deutlicher wird. Über diesen Kreis hinaus aber kann er wohl nur dann etwas erbringen, wenn man an irgendwelchen überpersönlichen Entwicklungen beteiligt gewesen ist.

Das aber gilt nun in bestimmtem Maße von meinem Leben. Einmal im Blick auf ein Stück Wissenschaftsgeschichte. Die Dialektgeographie, die wegen ihres revolutionierenden Charakters zunächst auf starken Widerstand stieß, zeigte sich schließlich als überaus ergiebig und wird heute bisweilen schon als „klassisch" bezeichnet. Sie mußte freilich auf diesem Wege durchgekämpft werden, und an diesem Kampfe bin ich mitbeteiligt.

Das gilt weiterhin im Blick auf die Frauenbewegung. Ihr konnte ich mit dem Durchhalten meiner Dozentinnenlaufbahn mittelbar einen Dienst leisten. War ich auch nicht die erste habilitierte Frau in Deutschland, so gehöre ich doch zu der ersten Gruppe der deutschen Dozentinnen. Sodann habe ich mich nach 1945 auch unmittelbar für die Dozentinnen eingesetzt, so vor allem als Leiterin des Hochschulausschusses des Deutschen Akademikerinnenbundes. Als wichtigste Schritte, die ich für die Dozentinnen tun konnte, nenne ich meine Beschwerde auf der Honnefer Reformkonferenz von 1955 (S. 87f.) und die im Auftrag des Deutschen Akademikerinnenbundes abgefaßte „Stellungnahme zu den Empfehlungen des Wissenschaftsrats“ (S. 95). Wenn mich an meinem 75. Geburtstag eine Wiesbadener Zeitung als „letzten Ritter der (klassischen) Frauenbewegung“ bezeichnete, so hat das darin steckende Korn Wahrheit mich von Herzen gefreut. Wieviel Dank aber schulde ich auch der Frauenbewegung!

Drittens nahm mich etwas sehr Überpersönliches dadurch in seinen Dienst, daß ich – aufgeschreckt durch die furchtbaren Geschehnisse der Nazizeit – den Weg zum politischen Mithandeln fand und für immer aus dem elfenbeinernen Turm auszog (siehe Kapitel 6). Ich habe es erlebt, daß ich nach 1945 in einer bestimmten Schicht stand, die bereit war, sich mit großem Ernst und in uneigennütziger Weise für eine bessere Ordnung der Dinge einzusetzen.

Zusätzlich erwähne ich, daß mein Weg sich des öfteren mit dem Weg ungewöhnlicher Menschen gekreuzt hat. Ich erinnere mich daran dankbar und hielt es näherer Beschreibung für wert.

Aus all diesen Gründen konnte ein Rückblick auch für andere als mich selbst einen Sinn haben. Und so hatte ich denn mitunter schon an seine Abfassung gedacht, sie dann aber stets wieder verschoben. Erst ein Anstoß eigentümlicher Art ließ mich endlich doch an die Arbeit gehen. Meine Kolleginnen Blochmann und Hampe sowie Frau Dr. Hillmann richteten nämlich vor meinem 75. Geburtstag ohne mein Wissen an meine „Ehemaligen“ und an andere, die mir persönlich oder dienstlich nahegestanden hatten, einen Rundbrief, in dem sie auf das Datum aufmerksam machten und an ihre Adresse ein Glückwunschblatt erbaten, möglichst eins mit persönlichen Erinnerungen. Sie würden mir die Blätter dann gesammelt überreichen. Die zahlreichen Zuschriften, die daraufhin einkamen und die mir am 27.1.66 zu meiner Freude und Überraschung übergeben wurden, zielten von verschiedenen Seiten aus und meist durch Anekdotisches hindurch deutlich auf eine Mitte. So lag es nahe, all dem nun diese Mitte einzusetzen und zu diesem Behuf den Rückblick zu schreiben. Damit entsprach ich zugleich dem Wunsch der Abfasserinnen des Rundbriefs. Denn sie hatten nicht nur die Absicht gehabt, mich mit den Erinnerungsblättern zu erfreuen, sondern hatten auch klar die Nebenabsicht geäußert, mich durch die Blätter zum Niederschreiben der eigenen Erinnerungen zu „verlocken".

Daß ich größte Genauigkeit erstrebt habe, versteht sich von selbst. Dabei kam mir ein sehr gutes Gedächnis zu Hilfe und ein vom März 45 an geführtes kleines Tatsachentagebuch. Natürlich hätte ich manches mehr bringen können, im Anekdotischen wie auch sonst. Doch konnte ich mich dazu nicht entschließen und das nicht nur wegen einer tiefverwurzelten Liebe zur Knappheit. Ich hätte es auch unbescheiden gefunden, mehr Aufmerksamkeit zu beanspruchen als die, die ich in gültiger Weise befriedigen zu können glaubte. Für die Darstellungsart verweise ich auf Anm. 52. Alles in allem ließ ich mir ein Wort von G. Lenôtre gesagt sein, das ich einmal las: „Les souvenirs des vieillards, a-t-on dit, sont une part d'héritage, qu'ils doivent acquitter de leur vivant."

1. Kindheit und Schuljahre (1891–1909)

Für ein Menschenleben ist wichtig, in welcher Zeit es begann, an welchem Ort es entstand und in welches Milieu es eintrat. Mein Geburtstag (27.1.91) fiel in das letzte Jahrzehnt des 19. Jahrhunderts und damit in eine Zeit, die äußerlich noch stabil schien. Daß sie tatsächlich nicht so stabil war, trat 1914 zu Tage, war aber damals den meisten noch verborgen. Mein Geburtsort war Berlin. Da ich mit einem Strang der väterlichen Familie ins alte Berlin zurückreiche, hat diese Feststellung ein kleines Eigengewicht. Mein Ururgroßvater Johann Friedrich Berner war Eigentümer des Hauses Unter den Linden 51 und Stadtverordneter. Über die Berliner ist manches, auch manches Treffende geschrieben worden. Ich lasse das auf sich beruhen und bemerke nur ganz schlicht, daß ich, ohne für ihre Mängel blind zu sein, ihre Phrasenlosigkeit und ihren nüchternen Witz immer sehr geschätzt habe. Um zu wirken, muß dieser freilich in der – auch von mir beherrschten – Stadtmundart erscheinen. Wie sehr das kulturelle Leben Berlins, vor allem sein Theaterwesen, mich als jungen Menschen bereichert hat und welch nahes Verhältnis ich zu der eigentümlich reizvollen Umgebung der Stadt gewann, das sei hier vorerst nur angedeutet. Das Milieu, in das ich hineingeboren wurde, war das sogenannte Bildungsbürgertum. Die Geldlage war weder üppig noch ärmlich, d. h. ausreichend; nach dem frühen Tode meines Vaters wurde sie allerdings knapp.

Mein Vater, der 1845 in Berlin geborene Georg Berthold, hatte zunächst Altphilologie studiert und dies Studium mit der Promotion beendet. Nach seiner Rückkehr aus dem Kriege 70/71 schloß er daran als zweites Studium das der Nationalökonomie. Vor allem wandte er sich statistischen und sozialpolitischen Studien zu. Er wurde wissenschaftliches Mitglied des Statistischen Amtes der Stadt Berlin und blieb das bis zu seinem verhältnismäßig frühen Tode (1899) Seine statistischen Arbeiten galten vornehmlich dem Armen- und Wohltätigkeitswesen. Mir ist von diesen Arbeiten am ehesten zugänglich eine größere Abhandlung über „Die Wohnverhältnisse in Berlin, insbesondere die der ärmeren Klassen“. (1) Sie reihte sich in ein zweibändiges Sammelwerk ein, das sich mit den Wohnverhältnissen auch anderer Groß- und Mittelstädte beschäftigte und zugleich Vorschläge für Abhilfe gegen die nur zu erkennbare Wohnungsnot brachte. Auch meines Vaters Abhandlung schließt mit dem Abschnitt „Mittel gegen die Wohnungsnot“. Soviel zu seinen Arbeiten, an die ich, da ich bei seinem Tode erst acht Jahre alt war, gleichsam von außen herantreten mußte. Unmittelbar kennengelernt habe ich ihn als einen ausgesprochenen „Kindervater", der sich mit seinen Kindern gern und verständnisvoll abgab und auch allerlei originelle Erziehungsmethoden hatte. Gewiß haben Mutter und Geschwister mir später mancherlei von ihm berichtet. Doch kann das das eigene Erleben nicht ersetzen. Als ich erwachsen war, hat mir die Tatsache zu denken gegeben, daß er in meiner Mutter eine Lebensgefährtin von ausgeprägter Eigenart gewählt hatte und daß diese Ehe bis zum Ende gut war. Ich habe daraus meine Schlüsse auch auf die Person meines Vaters gezogen. – Meine Mutter Gabriele, geboren 1852, war die Tochter des Oberförsters Raschke und seiner Frau Louise, geb. St. Blanquart, die einer Hugenottenfamilie entstammte. Die Oberförsterei lag im Posenschen in der Nähe der Kleinstadt Krotoschin. Das Heranwachsen im Walde hatte in meiner Mutter eine große Naturliebe geweckt. Es war sicher kein leichter Entschluß für sie gewesen, in die Großstadt zu heiraten, und sie tat alles ihr Mögliche, um uns Kinder immer wieder ins Grüne zu bringen. Da unsere Wohnung in der Potsdamerstr. 80 a keine Häuserzeile zum Gegenüber hatte, sondern den Alten Botanischen Garten, war das auch möglich. „In Begleitung eines Erwachsenen" durften auch Kinder ihn besuchen. Natürlich war Blumenpflücken und Betreten des Rasens streng verboten. Doch es blieb auch so noch allerlei Raum für kindliche Tätigkeiten. Der schöne Garten mit seinen Besonderheiten steht mir jeden – falls in bester Erinnerung. Zu den Besonderheiten gehörte die runde Chamisso-Laube, in der der Dichter Chamisso, einst Direktor des Gartens, gern geweilt haben soll, und sodann das Gewächshaus, in dem die Victoria regia wie ein Bote aus einer fernen Welt ihre Blüten und mächtigen Blätter entfaltete. – Das Aufwachsen in völliger ländlicher Freiheit hatte bei meiner Mutter einer großen Selbständigkeit des Wesens und Urteils Vorschub geleistet. Was sie sagte, war oft treffend, nicht selten humorvoll. Im übrigen verband sie Züge, die sich widersprechen können, bei ihr aber gut zusammenstimmten: Sie war stets zu raschem, tatkräftigem Handeln fähig und zugleich durchaus der Besinnlichkeit zugetan. Ihre besonderen Lieblinge waren daher Dickens, Raabe und Fontane. Leider kam sie wegen der Familienpflichten, die sie sehr ernst nahm, weniger zum Lesen, als sie wünschte. Im Alter hat sie da manches nachgeholt und sich u. a. wacker durch eine von mir beschaffte umfängliche Dickens-Biographie durchgebissen. An die Genauigkeit ihres Lesens habe ich eine drollige Erinnerung. Als sie zu beobachten glaubte, daß in einer Erzählung von E. T. A. Hoffmann ein bereits Gestorbener noch einmal auftrete, legte sie sich ein Personenverzeichnis an und gab denen, die starben, ein Kreuz. Ein X für ein U ließ sie sich auch von ihren geschätzten Dichtern nicht vormachen. Mit diesem Sinn für das Richtige verband sie ein peinliches Gerechtigkeitsgefühl, das sie auch für etwa betroffene Dritte ohne Menschenfurcht eintreten ließ. Ob die bis zum Schluß ihres 77jährigen Lebens bewahrte geistige Frische etwas mit ihrer Waldheimat zu tun hatte, wird sich objektiv schwer ausmachen lassen. In irgendeinem Winkel meines Herzens bin ich freilich geneigt, dem Spruch recht zu geben, den ihr eine Nichte in der damals üblichen Brandmalerei verehrt hatte:

„Wer da stammt aus dem grünen Wald,
Des Herz und Sinn wird niemals alt.“

Der Geist des Elternhauses war in religiöser Hinsicht nicht sehr ausgeprägt, etwa das, was man als „Kulturprotestantismus“ bezeichnet. Ausgeprägter waren soziales Verständnis und soziales Verhalten. Es wurde nach mancherlei Seiten geholfen, und zwar ohne viel Geschrei. Überheblichkeit gegenüber einfachen Leuten kannten meine Eltern nicht und würden sie auch bei uns nicht geduldet haben. Auf meine Frage, warum an der Vordertreppe stehe „Aufgang nur für Herrschaften", bekam ich mitgeteilt, besser wäre ein Hinweisschild auf die Hintertreppe mit dem Vermerk „Für Lieferanten", damit Abzulieferndes unverzüglich in die Küchen gelangte. Es wird auch kein Zufall gewesen sein, daß meines Vaters statistische Arbeit besonders dem Armen- und Wohltätigkeitswesen galt. Um so merkwürdiger erscheint es mir im Rückblick, daß Politisches bei uns kaum eine Rolle spielte. Auch gegenüber meinen älteren Geschwistern kann es kaum hervorgetreten sein. Daß Politik und Sozialpolitik fortwährend ineinandergreifen, ist heute so ziemlich jedem Nachdenklichen klar. Damals scheint das noch nicht so verbreitet gewesen zu sein. Vielleicht hängt damit „die politische Mattigkeit der Gebildeten“ zusammen, die Friedrich Naumann schon 1904 beklagt hat und die uns und Millionen anderer so furchtbar heimgekommen ist.

In äußeren Dingen galt in meinem Elternhaus große Schlichtheit, während im geistigen Bereich Ansprüche gestellt wurden. Die äußere Schlichtheit führte u. a. dazu, daß wir mit einer Berliner „Schrippe", d. h. einem oben aufgerauhtem Brötchen, und einem Apfel in die Schule abgelassen wurden. Als ich mich gleich am ersten Schultag unter Hinweis auf die Wurstbrote der anderen darüber beklagte, bekam ich von meiner Mutter in einem eigentümlichen Tonfall, der mir heute noch im Ohr liegt, zu hören: „Das können die anderen halten, wie sie wollen. Wir haltens so." Es klingt seltsam und ist doch so, daß das als eine Art Urerlebnis in mich eingesunken ist, als eine erste Ahnung davon, daß man sich seinen eigenen Maßstab zu machen habe.

Obwohl wir also bescheiden gehalten wurden, habe ich die besten Erinnerungen an meine Kinderjahre. Ja, vielleicht habe ich sie gerade deswegen. Wir wurden nicht mit Eindrücken überschüttet, wir bekamen nicht zuviel Spielzeug und vor allem kein zu perfektes. Dagegen wurde dem Basteltrieb möglichst viel Raum gegeben. Auch beobachteten die Eltern, wohin uns Neigung und Begabung zog. Als meine jüngere Schwester statt mit Puppen lieber mit Fußbänkchen spielte, deren Füßchen sie als „Arme" und „Beine" ansprach, bekam sie zu Weihnachten keine Puppe, sondern zu ihrer großen Befriedigung ein Fußbänkchen. Übrigens machte auch ich mir nichts aus Puppen. Sehr hoch schätzte ich dagegen Tusch- und Baukästen, auch Legespiele, kurz Dinge, bei denen etwas herauskam. Daß in diese Kinderjahre nicht nur Rosiges fiel, sondern auch Krankheitswochen, daß wir auch manches ausfraßen und deshalb vorgefordert wurden, daß es auch zu Knüffen und Püffen kam, all das tritt heute in meiner Erinnerung zurück gegenüber einer Helle, die über allem liegt.

Hatten wir etwas verbrochen, so hatten wir Vater oder Mutter auf die Frage, ob wir es gewesen seien, nur mit Ja oder Nein zu antworten. „Weißbücher" waren zunächst nicht gestattet. Erst wenn nach erfolgtem Ja die Frage „Hast Du sonst noch was zu sagen?" kam, durften wir mildernde Umstände vorbringen. Ich halte das für ein ausgezeichnetes Verfahren, weil es zur Zivilcourage erzieht. Verfahren dieser Art übten beide Elternteile. War es aber zu Püffen und Knüffen gekommen, so trat mein Vater in Aktion und zwar als eine Art UNO. Er erklärte dann kategorisch: „Ihr seid beide schuld, und jetzt gebt Ihr euch auf der Stelle den Friedenskuß." Lieber hätte man dem anderen noch einen tüchtigen Abschiedsknuff beigebracht. Doch es half alles nichts. Der Friedenskuß auf die Backe mußte erfolgen. Und seltsam: War er gegeben, so war die Situation irgendwie verändert. Man sah sich wohl noch mit scheelen Blicken an. Doch Püffe und Knüffe erfolgten nicht mehr. Haec fabula docet.

Neben der unmittelbaren Erziehung spielte natürlich die mittelbare ihre so überaus wichtige Rolle. Daß z. B. die Eltern etwas Versprochenes mit Sicherheit auch leisteten, hat mir den Wert der Zuverlässigkeit vielleicht tiefer eingeprägt, als längere Ermahnungen es getan hätten.

Der Geschwisterkreis, den ich nun endlich vorstellen muß, bestand aus einem Haupttrupp von einer Tochter (Else, geb. 1881) und drei Söhnen (Franz, Otto und Hans, geb. 1880, 83, 85). Dann, nach einer längeren Pause, erschien die Nachhut, nämlich ich (1891) und meine 2 1/2 Jahre jüngere Schwester Marie (1893). Bis tief in das Erwachsenenalter hinein firmierten wir noch als „die beiden Kleinen". Ein großer Geschwisterkreis hat nach meinen Erfahrungen viele Vorzüge, zumal ein gemischter. Den Mädchen wird die Wehleidigkeit abgewöhnt und den Jungen die Rüpelhaftigkeit. In späteren Jahren aber tragen sich beide Geschlechter durch ihre in manchem doch verschiedenen Lebenssphären eine Bereicherung zu. Wie in jedem großen Geschwisterkreis gab es Gruppierungen. Daß „die beiden Kleinen" untereinander stärker zusammenhielten, von dem Haupttrupp aber einen gewissen Abstand hatten, lag nahe. Doch erfuhren wir von ihm auch Schutz und Fürsorge. Der Schutz lag mehr bei den Brüdern, die gegenüber frechen „Straßenkindern" eine gute Hilfe waren. Die Fürsorge lag mehr bei meiner älteren Schwester Else. Als halbes Kind trug ich der um zehn Jahre älteren manche Frage zu, die ich meiner fast 39 Jahre älteren Mutter nicht gestellt hätte. Als ich erwachsen wurde, hat sich an diesem Verhältnis natürlich einiges geändert. Aber immer zeigte sie mir gegenüber ein Stück Mütterlichkeit und eine unbedingte Hilfsbereitschaft. Ob ich ihr das hinreichend gedankt habe, weiß ich nicht. Doch wer dankt schon genug? Mit guten Verstandesgaben ausgerüstet war sie zugleich zeichnerisch und turnerisch begabt. In diesen Fächern hat sie dann später vornehmlich unterrichtet. Als Zeichenlehrerin am Steglitzer Mädchengymnasium richtete sie für besonders interessierte Schülerinnen einen kleinen Kunstgeschichtszirkel bei sich zuhause ein.

Zu den dankbaren Teilnehmerinnen daran gehörte auch Hanna Jursch, die später in Jena Professor für christliche Archäologie wurde. Eine gewisse Sprunghaftigkeit ihres Wesens, die sie manches lebhaft anfangen, aber dann doch wieder beiseitelegen ließ, rechne ich nicht zu den glücklichen Seiten ihrer Natur. Indes stand dem als glückliche Seite gegenüber, daß sie zu den „Sammlern" gehörte. Was sie alles im Lauf des Lebens erfolgreich gesammelt hat, wäre einer Sonderbeschreibung wert. – Meine jüngere Schwester Marie war in den wissenschaftlichen Schulfächern kein Held. Ihre Zensur blühte erst bei den brotlosen Künsten auf, also beim Singen, Zeichnen und Turnen. Doch, wenn sie auch nicht schulklug war, so eignete ihr dafür ein offener Sinn fürs praktische Leben und echte Liebenswürdigkeit. Es war kein Zufall, daß sie schon auf der Schule einen Kometenschwanz von Freundinnen hinter sich herzog. Auch auf ihrem späteren Lebensweg hat sie viel Freundlichkeit geübt und erfahren. Und das war auch gut, da dieser Weg schwer war. Sie verlor durch einen Unfall ihren ersten Mann und durch Krieg oder Kriegsfolgen drei von ihren vier Kindern. Aber wieviel auch immer auf sie eindrang, ganz umzubringen war sie nicht. Aus dem von den Russen schon bedrohten Potsdam schrieb sie mir noch einen Brief, eine Art Abschiedsbrief, wenn auch das Wort nicht fiel, den ich mir aufgehoben habe. Denn in seiner tapferen Gefaßtheit auf das Ärgste und einem trotzdem noch durchschimmernden Spürchen Humor war er ein kleines Berliner Dokument und zugleich eine kennzeichnende Äußerung ihres Wesens.

Neben den Geschwistern spielten natürlich auch die Freunde und die Freundinnen, die ins Haus kamen, keine kleine Rolle. Dabei zeigte sich etwas Merkwürdiges und zwar um so mehr, je älter wir wurden: In vielen Fällen war es nämlich zum Schlusse nicht mehr auszumachen, wer welchen Freund und welche Freundin eingebracht hatte. Sie wurden mit anderen Worten eine Art Gemein- und Familienbesitz. – Als einen Freund besonderer Art muß ich für meine Person hier noch den großen Bücherschrank des Hauses nennen. Dieses schöne Biedermeiermöbel barg die Klassiker ziemlich vollständig und von der nachklassischen Dichtung eine sehr gute Auswahl. Daß er mir unbeschränkt zugänglich war, habe ich weidlich ausgenutzt. Natürlich las ich dabei auch manches, das ich besser noch nicht gelesen hätte. Doch dieser Nachteil war klein gegenüber der Tatsache, daß ich mir einen guten Einblick in seinen Bestand erwarb und mir selbst so ausgefallene Dinge einverleibte wie Wielands „Gespräche im Elysium". Vor allem aber ist er meiner Goethekenntnis zugutegekommen.

Von den Onkeln und Tanten soll hier mit 2 Ausnahmen nicht weiter die Rede sein, obwohl sie durchaus keine kleine Rolle spielten. An erster Stelle genannt sei unserer Mutter Schwester, Luise Raschke, die Lehrerin geworden war. Groß und klein begrüßte ihre Anreise und bedauerte ihre Abreise, da sie gar nichts „Tantenhaftes" hatte, vielmehr den Raschkeschen Familienhumor sehr ausgeprägt zeigte. Einer der Onkel aber, Archivrat Ernst Berner, war nach unseres Vaters Tod unser Vormund. In dieser Funktion, die (m. W.) damals noch vom Gesetz vorgeschrieben war, hat er unserer Mutter viel Hilfe geleistet. Ein ganz durchschnittlicher Vormund war er übrigens nicht. Denn, als unter den Zensuren, die ich ihm vorzuweisen hatte, einmal eine besonders gute war, sagte er: „Langweilige Zensur! Bring doch mal ein 'Mangelhaft' nach Hause." Vermutlich wollte er damit eine etwa entstehende Überheblichkeit abwenden. Aber bei fünf Geschwistern nach Art der meinigen war ich gegen die ohnehin gefeit.

Doch nun endlich zu dem für ein Kinderleben so wichtigen Schulbesuch. Wir drei Schwestern besuchten die nächstgelegene städtische Höhere Töchterschule, die Charlottenschule, während die Brüder ins Wilhelmsgymnasium gingen. Diese Charlottenschule, der ich von 1897 bis 1906 angehört habe, war in ihrer Art schätzbar. Nicht sehr ergiebig war allerdings der naturwissenschaftliche Unterricht. Dagegen bot sie in den Fächern Deutsch, Französisch und Englisch einen auch grammatisch gut unterbauten Unterricht. Ja, man konnte sogar fakultativ die Anfänge des Italienischen lernen. Besonders dankbar aber gedenke ich der musischen Fächer, die immer so wunderbar auflockern, d. h. des Singens und Zeichnens. Singunterricht erteilte Musikdirektor Prüfer, eine ziemlich originelle Gestalt. Als Leiter des Berliner Domchors brachte er uns besonders die geistliche Musik nahe, damit aber einen nie wieder vergessenen Grundstock guter Musik. Natürlich wurden auch bei ihm die mit musikalischem Gehör Begabten kurzerhand der 2. oder 3. Stimme zugeteilt. Ich habe meine Mitwirkung in der 2. Stimme stets als charakterbildend empfunden. Denn man lernte in ihr, sich gegen die mitleidlose Lautstärke und die Selbstsicherheit der 1. Stimme zu behaupten. Verglichen mit Herrn Prüfer, der leicht einmal aufbrausen konnte, zeigte unsere Zeichenlehrerin Eva Stort ein etwas gelasseneres Temperament. Sie war übrigens nicht nur an der Schule tätig, sondern stellte auch aus, wenn auch in der damals noch leicht anrüchigen Sezession. Für uns war sie dank ihrer Aufgeschlossenheit eine Vertrauensperson ersten Ranges, der wir unsere Probleme getrost zutrugen. Kurzum, wenn sie nicht dagewesen wäre, so hätte man sie erfinden müssen.

Direktor der Schule war während des größten Teils meiner Schulzeit Prof. Hofmeister, ein ebenso strenger wie gerechter Herr. Mir steht er heute noch durch ein kleines Erlebnis in Erinnerung, das nicht ganz alltäglich war. Als er einmal in einer Deutschstunde fragte, wer alles Gedichte auf Friedrich den Großen verfaßt habe, nannte ich Lessing und wurde damit abgewiesen. Ich wunderte mich, da ich meiner Sache sicher zu sein glaubte. Auf alle Fälle sah ich aber nochmals im großen Bücherschrank nach und fand mich bestätigt. So steckte ich mir für die nächste Deutschstunde den betreffenden Band ein. Ich wartete allerdings, bis die Klasse sich geleert hatte und nur noch Hofmeister ins Klassenbuch schrieb. Dann näherte ich mich ihm und bat ihn festzustellen, daß es Gedichte von Lessing auf Friedrich den Großen gebe. Er las ein wenig in dem Buch nach, wobei er sich wohl seine Antwort überlegt hat. Dann aber sagte er freimütig: „Sie haben recht, Luise. Auch ein Lehrer kann nicht alles wissen. Im übrigen danke ich Ihnen für die taktvolle Art, in der Sie mich berichtigt haben." Mir scheint, daß sich hier der aufkeimende Takt der Fünfzehnjährigen und der reife Takt des erfahrenen Pädagogen ein ganz nettes Stelldichein gegeben haben.

Nach neun Jahren, also 1906, wechselte ich von der Charlottenschule über in die Chamissoschule, das Mädchenrealgymnasium von Berlin-Schöneberg. Das war dadurch möglich, daß ich in den letzten Monaten der Töchterschulzeit Privatstunden in Latein und

Mathematik bekommen hatte. Von der Chamissoschule aus wurde ich 1907 konfirmiert mit dem Spruch Jesaias 40,31 als Weggeleit. Das „Wandeln und nicht müde werden" ist mir immer mehr ein solches Geleit geworden. Der Besuch der Chamissoschule war allerdings nur eine Zwischenlösung. Die dortige Mathematiklehrerin, Thekla Freytag, die mir ein sehr freundliches Interesse zeigte, machte meine Mutter darauf aufmerksam, daß der Besuch der „Gymnasialkurse für Frauen, begründet von Helene Lange" für mich vorteilhafter wäre und mir auch einen etwas früheren Abschluß erlauben würde. Dieser Vorteil mußte aus verschiedenen Gründen wahrgenommen werden. So trat ich denn schon im nächsten Jahr, also 1907, in die „Kurse" ein. Als Gymnasialkurse begründet, waren sie inzwischen in Realgymnasialkurse umgewandelt worden. Sie führten im Anschluß an die Töchterschule in vier Jahrgängen, sog. Kursen, bis zur Reifeprüfung. Ich trat 1907 in den Oberkurs B ein, dem nur noch der mit der Reifeprüfung abschließende Oberkursus A folgte. Die beiden Jahre in den Kursen rechne ich zu den wichtigsten meiner Ausbildung, ja meines Lebens. Die Kurse waren eine großartige Schule. Die ebenso gründliche wie anregende Leiterin, Martha Strinz, war eine Pädagogin von hohen Graden. Was aus uns herauszuholen war, holte sie heraus und das so, daß es freudig und gern geleistet wurde. Dabei kam ihr freilich entgegen, daß wir lernen wollten und daß wohl jede aus dem Kreis, in dem ich die Jüngste war, schon ein erwünschtes Berufsziel vor Augen hatte. Wenn diese Haltung uns allen gemeinsam war, so zeigten die Geister im übrigen verschiedene Spielarten. Neben den christlichen Mitgliedern standen auch jüdische, unter ihnen die kluge und sensible Margarethe Falk, die später Ärztin wurde. Und neben dem Bürgertum war auch der Adel in einigen Exemplaren vertreten, am einprägsamsten mit Gräfin Sigrid v. d. Schulenburg-Lieberose. Sie verband Gescheitheit mit einem gleichsam federnden Temperament und einem sehr persönlichen Charme. Mit ihr und Margarethe Falk war ich besonders verbunden, und zwar noch weit über die Schuljahre hinaus. Im übrigen lernten wir uns nicht nur während der Unterrichtszeit kennen; gelegentlich veranstalteten wir auch einen Ausflug oder ein kleines Fest. Auf einem solchen fand am Schluß jede

Teilnehmerin auf ihrem Rücken einen Zettel mit einem Spitz- oder Ulknamen vor. Auf meinem stand im Blick auf die Käthe-Kruse-Puppen und auf meine Jugend „Charakterbaby“. – Zu der vorzüglichen Leitung und zu unserem ausgeprägten Lernwillen kam noch ein drittes überaus förderliches Moment hinzu. Helene Lange, die Gründerin der Kurse, hatte die Leitung zwar Frau Strinz übergeben, aber ihre Beziehungen zu den Kursen deshalb nicht einfach abgebrochen. Wie wir von Frau Strinz erfuhren, ließ sie sich von ihr über unsere Fortschritte oder Schwierigkeiten Bericht erstatten. So kam es, daß wir uns immer noch etwas als Pionierinnen fühlten, die der großen Vorkämpferin zu Dank zu arbeiten hatten. Durch die Kurse wehte mithin noch etwas von dem wunderbar frischen Wind der alten, der sogenannten klassischen Frauenbewegung. Als ich fast 50 Jahre später in Dorothee von Velsens schönem Buch „Im Alter die Fülle“ las, daß sie durch die Berührung mit der klassischen Frauenbewegung „anging wie ein Licht“ (S. 101), habe ich das wohl verstanden. Denn auch für mich war es ein Gewinn für immer, daß ich von jenem frischen Wind noch etwas abbekommen habe. Man weiß im Rückblick recht gut, welche Lebensereignisse entscheidend gewesen sind. Diese zwei Jahre waren es gewiß.

Der einzige Nachteil der Kurse war, daß sie als Privatschule galten und nicht selbst die Reifeprüfung abnehmen konnten. Die Absolventinnen des Oberkursus A mußten sich daher beim Provinzialschulkollegium melden, das sie einer zur Prüfung berechtigten Anstalt zuwies. Gewöhnlich wurde der betreffende Kurs geschlossen überwiesen. Auch hatten die Kurse von ihren früheren Reifeprüfungen her einen so guten Ruf, daß man ihren Absolventinnen mit größerem Vertrauen gegenübertrat als beliebigen anderen Externen. Unser Kursus wurde dem Königstädtischen Realgymnasium zugewiesen, dessen Leiter, Prof. Gotthold Bötticher, uns bei unserem Antrittsbesuch wohlwollend bewillkommnete. Am 31. 8. 1909 bestanden wir alle zwölf. Zu unserer eigenen Freude, aber auch zur Freude von Frau Strinz und, durch ihren Bericht an Helene Lange, sicher auch zu deren Befriedigung. Die Schulzeit war zu Ende. Ein kleines Essen im Lyzeumklub, zu dem wir auch unsere Prüfer einluden, machte einen festlichen

Schlußstrich unter sie. Wir waren an diesem Abend lange beisammen, denn wir hatten die Vorstellung, daß wir uns nie wieder alle treffen würden. Und so kam es auch.

2. Die Studienzeit (1909–14) und ein Nachspiel dazu (1914–16)

Mein Studium begann ich in Berlin im Herbst 1909, also ein Jahr nach der Zulassung von Frauen zur Immatrikulation in Preußen. Das Neuartige des Zustands zeigte sich noch in meiner Immatrikulationsurkunde; denn das dort vorgedruckte „virum ornatissimum" war in gut preußischer Sparsamkeit handschriftlich verbessert in „virginem ornatissimam". Daß ich Germanistik studieren wollte, hat mir von Anfang an festgestanden. Allerdings interessierte mich die Neugermanistik, zu der doch der große Bücherschrank hätte hinführen können, weit weniger als die Altgermanistik. Mich reizte mit anderen Worten der geschichtliche Abstand und der Brückenschlag vom Heute zum Einst. Schon in den letzten Schuljahren hatte ich mir in kleinen Oktavheftchen entsprechende Beobachtungen notiert.

Mit der Altgermanistik haperte es nun freilich in Berlin sehr. Hatte noch Karl Weinhold, der Vorgänger des derzeitigen Lehrstuhlinhabers Gustav Roethe, auf freiwilliger Grundlage Frauen als Hörerinnen zugelassen, so wollte Roethe sogar immatrikulierte Studentinnen nicht in seinem Hörsaal und Seminar sehen. Dank einem Reservatrecht, das er sich bei seiner Berufung nach Berlin ausbedungen hatte, konnte er das auch tun. (2) In Roethe trat meinen Mitstudentinnen und mir eine Haltung entgegn, die uns nur als Vorurteil erscheinen konnte, als ein „stat pro ratione voluntas". Das hat mich, wie ich zugebe, sehr betroffen gemacht. Erschüttert hat es mich dagegen nicht und das deshalb nicht, weil der schöne Schwung, den uns die „Kurse“ mitgegeben hatten, mir Roethes Haltung als etwas völlig Obsoletes erscheinen ließ, als etwas, das im Grunde schon zum Absterben verurteilt war. Praktisch aber war ja das Hindernis später durch einen Universitätswechsel zu umgehen. Zunächst war ich nun allerdings in Berlin für die Altgermanistik auf Randvorlesungen angewiesen. So benutzte ich die Zeit, um mehr für die Neugermanistik zu tun, die ich dafür später zurückzuschieben gedachte. In den Kollegs und in dem Seminar vcn Erich Schmidt, dem Jubiläumsrektor, hatte ich gute Gelegenheit, die am Bücherschrank erworbene sehr vorläufige Goethekenntnis fest zu unterbauen. Da ich als zweites Prüfungsfach Philosophische Propädeutik gewählt hatte, hörte ich ferner bei Riehl Geschichte der Philosophie und – mit besonderem Interesse – Stumpfs großes Psychologiekolleg. Auch an der zugehörigen Übung nahm ich teil. Endlich konnte ich etwas nachholen, das mir schon lange am Herzen lag, nämlich das Erlernen des Griechischen. Ja, ich wandte darauf sogar ein erhebliches Maß an Mühe. Das Ergebnis war eine völlig zerschlissene griechische Grammatik und die Freude, Homer und andere Herrlichkeiten nun in der Ursprache lesen zu können. Daß auch einiges für die vergleichende Sprachbetrachtung dabei herauskam, versteht sich von selbst.

Zu den Bildungsfaktoren der drei Berliner Semester gehörte auch der Besuch von Theatern, Konzerten, Museen usw. Absichtlich nannte ich das Theater an erster Stelle. Durch eine Freibillet-Beziehung zu den beiden Bühnen von Max Reinhardt konnte ich ein interessantes Stück Berliner Theatergeschichte mit viel Anteil miterleben. Ganz persönlich aber berührte mich eine Vorstellung von Hofmannsthals „Der Tor und der Tod“ in den Kammerspielen mit Moissi in der Hauptrolle. Während oben auf der Bühne dem Toren unabwendbar das „Zu spät“ entgegenklang, beschloß ich unten im dunklen Gestühl, daß mir das nie zustoßen dürfe. „Ich will die Treue lernen, die der Halt von allem Leben ist“ – das war mir aus dem Herzen gesprochen. Zugleich begriff ich, daß diese Treue mit Sturheit und Schlendrian nichts zu tun hat, sondern einen ständigen Neubeginn fordert. Obwohl dem Hofmannsthal, da er den Abend nicht füllte, noch ein zweites Stück folgte, verließ ich das Theater sofort nach seinem Schluß. Mein Abend war gefüllt. Seltsam, wie er war, endete er auch seltsam. Auf dem Heimweg besuchte ich nämlich Margarete Falk, die in der Friedrichstraße ein hochgelegenes Stockwerk mit zugehörigem Dachgarten (!) bewohnte. Im Grase dieses Dachgartens liegend beschrieb ich ihr den Hofmannsthal genauestens, die Einzelheiten wie die Atmosphäre. Von meinem geheimen Beschluß aber sagte ich nichts. So etwas muß lange beschwiegen werden.

Zu den Eindrücken der Kunst traten die der Natur, vor allem Wanderungen und Ausflüge in der märkischen Landschaft mit ihrem so eigenen Reiz und mit Fontanes „Wanderungen“ als geschichtlichem Hintergrund. Die Mark sollte mir dann später durch eine Wasserwanderung noch einmal besonders nahe rücken. Doch davon an seinem Ort.

Im Oktober 1910 feierte die alma mater Berolinensis ihr hundertjähriges Jubiläum. Aus dem Glanz der kaiserlichen Zeit, der noch darauf fiel, machte ich mir wenig, und die Eintrittskarte für den Festakt, bei dem auch Wilhelm II. sprach, habe ich sogar verschenkt. (3) Mehr Eindruck machten mir gewisse Einzelheiten, die es mit den Studentinnen zu tun hatten und die ich mir genau gemerkt habe. So erschien von studentischer Seite eine nette Festzeitung, die u.a. die Frage aufwarf, was Schillers Frauengestalten wohl studiert hätten, falls sie schon hätten studieren können. Unter den Antworten fanden sich auch folgende Zeilen:

„ Zutritt zu der Germanistenklasse
Ist Luise Millerins Begehr.
Ach, Luise, du bist viel zu blasse.
Ohne Roet(h)e ist das Studium schwer.“

Waren die Studentinnen hier nur angesprochen, so beteiligten sie sich doch auch aktiv an dem Geschehen. Ein allerdings kleiner Trupp, zu dem auch ich gehörte, nahm an dem großen Fackelzug der Studentenschaft teil. Zusammen mit den Kommilitonen fanden wir uns auf einem Kasernenhof ein, auf dem die Fackeln ausgegeben wurden. Dann ging der Zug, der uns etwa in die Mitte genommen hatte, durch den dunklen Tiergarten und die Linden entlang bis zur Universität, wo allerlei Ehrengäste ihn erwarteten. Auf dem großen Platz vor der Universität, dem „Forum Friderici", rollte er sich zu einer leuchtenden Riesenschlange auf. Es erklang das Gaudeamus igitur. Danach zogen wir zu einem anderen Kasernenhof, wo die Fackeln zusammengeworfen wurden. Von diesem Fackelzug kam ich sehr begeistert nach Hause. Wenn wir auch keine „juvenes“ waren – jung waren auch wir. Und unsere Fackel glaubten auch wir tragen zu dürfen, ja tragen zu sollen.

Der Dämpfer ließ nicht auf sich warten und kam von Hans Delbrück (Preußische Jahrbücher Bd. 42, S. 196). Wenn er dort auch die Zulassung der Frauen zu den Hörsälen für „unvermeidlich“ erklärte, so fand er doch Symptome wie unsere Teilnahme an diesem Fackelzug sehr bedenklich. Ich gebe ihm das Wort: „Schon die Beteiligung an dem Fackelzug war recht unschön. Der Student zieht beim Fackelzug seinen schlechtesten Rock an oder kehrt ihn gar um, um ihn zu schonen – ein Mädchen, das sich mit Absicht schlecht anzieht, vergibt ihrem Geschlecht etwas, und der Anblick, der von dem Publikum mit ironischem Jubel aufgenommen wurde, soll auch recht abschreckend gewesen sein.“ Soweit Delbrück. Dazu dies: Wir erschienen natürlich nicht in einem Räuberzivil (woher hätten wir das auch nehmen sollen?). Vielmehr hatten wir uns fast alle für ein weißes oder helles Kleid entschieden, das auch bei etwas Fackelrauch im Halbdunkel immer noch hell wirkt und nachher leicht zu waschen ist. Infolgedessen boten wir denn auch keinen abschreckenden Anblick, und die den Weg säumenden Zuschauer hatten keinerlei Grund zu ironischem Jubel. Wohl aber begleitete uns längs des ganzen Wegs, den unser kleiner Trupp zog, lauffeuerartig ein leicht überraschtes, doch ausgesprochen freundliches „Die Damen kommen“. Da Delbrück den Anblick nicht selbst gehabt hat, wie der Ausdruck „soll ... gewesen sein“ zeigt, da er demgemäß auch die Reaktion der Zuschauer nicht selbst gehört haben kann, wiegt meine Quellenkenntnis hier mehr als seine, und ich muß daher den verdienten Historiker in diesem Punkt berichtigen, wenn auch leider sehr spät. Weil ich das kann, steht mir jener Fackelzug auch heute noch in ungetrübter Erinnerung.

Am Schlusse des 3. Semesters merkte ich nun doch, daß das

altgermanistische Studium „ohne Roethe schwer“ war und daß ein Wechsel der Universität fällig sei. So ging ich im Sommer 1911 nach Jena, wo ich eine Dachstube in der Großen Paradiesgasse 1 bezog. „Wohl aus Gegensatz?“ wie mir eine zu kleinen Bosheiten neigende frühere Mitschülerin schrieb. Die philosophischen Studien setzte ich bei Eucken fort, vor allem aber suchte ich nun in Viktor Michels' Vorlesung und Seminar den altgermanistischen Nachholbedarf einzubringen. In Michels' Seminar hielt ich ein Referat über die Altsächsische Genesis, über die ich dann später einen größeren Aufsatz geschrieben habe. Doch, wenn ich auch fleißig war, so war ich doch kein bloßer Bücherwurm. Ich trat nämlich in Jena dem Wandervogel bei. Über die weltanschaulichen Grundlagen, die dieser hatte oder die man ihm vielleicht auch nur zuschrieb, machte ich mir keine Gedanken. Mich erfreute das Wandern als solches, seine schlichte Form, die Lieder des Zupfgeigenhansls und die selbstverständliche Kameradschaft der Geschlechter. Ich ging übrigens nicht nur mit dem Wandervogel auf kleinere Wanderungen, sondern in der Pfingstpause auch auf eine größere. Eine Kommilitonin, die ich im Studentinnenverein kennengelernt hatte (so etwas gab es damals noch), und ich fuhren nach Schwarzburg und wanderten von da über Goethestätten wie Ilmenau und den Kickelhahn bis Eisenach. Den Tag über lebten wir aus dem Rucksack; abends krochen wir, da es mit Jugendherbergen noch haperte, in Dorfgasthöfen unter. Reich am Herzen, wenn auch arm am Beutel kehrten wir ins Semester zurück. Einen Ausflug machte ich seltsamerweise nicht, den nach Weimar, den ich dann Jahre später nachgeholt habe. Gerade, weil er mir besonders wichtig war, verschob ich ihn immer wieder auf einen besonders günstigen Tag – und plötzlich war das Semester um. An Wissen bereichert und in der Kenntnis des Landes ein wenig bewandert beschloß ich es.

An sich wäre ich gern in Jena geblieben. Indes bestand auch hier ein Hindernis, wenn auch ein anderes als in Berlin. Das thüringische Staatsexamen wurde nämlich damals in Preußen noch nicht anerkannt. So ging ich für den Winter 11/12 noch einmal nach Berlin zurück, um dort weiterzuarbeiten und zugleich zu überlegen, in welche andere, von Berlin nicht zu entfernte preußische Universität ich nun meinen Stab setzen sollte. Göttingen kam nicht in Frage, da der dortige Altgermanist Edward Schröder den Studentinnen auch alles andere als gewogen war. Nach längerem Hin und Her fiel die Entscheidung schließlich für Marburg. Die Altgermanistik war dort ausgesprochen gut vertreten. Von einer Ablehnung der Studentinnen verlautete nichts; manches deutete eher auf das Gegenteil. (4) Und die Schönheit der Stadt wußte mir mein Bruder Franz zu rühmen, der dort sein Jurastudium begonnen hatte. So kam es, daß ich Ende April 1912 über die große Lahnbrücke in Marburg einzog, ohne zu ahnen, daß ich damit meine Schicksalsstadt betreten hatte.

Von meiner ziemlich hochgelegenen Bude aus (Hainweg 1) nahm ich nun also die Schlußsemester des Studiums in Angriff. Mit dem Marburger Neukantianismus von Cohen und Natorp habe ich allerdings wenig zu tun gehabt. Übrigens ging Cohen nach dem Sommersemester 1912 fort nach Berlin. Das, was ich in Berlin bei Stumpf und Riehl gehört hatte, stand zu diesem Neukantianismus sogar in einer starken Spannung. Das drückte sich in einem kleinen Dialog aus, der unter uns Studierenden umlief. Die Marburger Schule habe gesagt, man solle die Berliner „mit Stumpf und Riehl ausrotten". Darauf hätten die Berliner geantwortet, was denn die Marburger wollten „mit ihrem doppelcohensauren Natorp". Eine passendere Anknüpfung an meine Berliner Studien fand ich bei dem 1913 nach Marburg berufenen Psychologen Jaensch. Seine Vorlesungen und Übungen habe ich denn auch mit mancherlei Gewinn besucht.

Am weitaus wichtigsten aber war mir die Vertiefung der altgermanistischen Studien. Für den literarhistorischen Bereich hatte ich da bei Friedrich Vogt die beste Möglichkeit. Er verstand es, seine Hörer wirklich an die Quellen heranzubringen, und machte sie zugleich sicher in der Methode. Schenken tat er einem nichts, doch lockerte er die strenge Zucht bisweilen durch einen leisen Humor. Der ganzen Anlage meines Studiums entsprechend habe ich dann schließlich auch bei ihm promoviert.

Im sprachgeschichtlichen Sektor spielte Ferdinand Wrede für mich (und für viele!) die entscheidende Rolle. In seinen Übungen, an denen selbst ältere Semester nicht ohne leises Bangen teilnahmen, gewann man gründliche sprachgeschichtliche Kenntnisse und damit eine wichtige Voraussetzung für ergiebige Quellenlektüre. Aber es blieb nicht bei diesem mittelbaren Wert. In einer Vorlesung über „Sprachwissenschaftliche Anschauungen des letzten Jahrhunderts und ihre Hauptvertreter", die er im Sommer 1912 vor einem kleinen, doch sehr aufmerksamen Kreise hielt, tauchte etwas höchst Unmittelbares auf. Ist es an sich schon erregend, die Geschichte der eigenen Wissenschaft zu verfolgen, so war der Schluß des Kollegs noch besonders erregend. Denn in ihm war die Rede von den Sprachatlanten, vorab von Wenkers Sprachatlas des Deutschen Reichs. Durch die sprachgeographische Betrachtung bekam die pseudonaturwissenschaftliche Geltung der Lautgesetze einen Stoß. Die ganze ungeheure Fülle der geschichtlichen Bedingtheiten des Sprachlebens tauchte auf. Zugleich geschah damit auch der Schritt von der Individuallinguistik zur Soziallinguistik. All das klang umstürzend. Wie umstürzend es war, ließ sich nicht aus ein bis zwei Kollegstunden begreifen. Diese Erkenntnis kam später. Aber hellhörig wurde ich damals schon. Es ist kein Zufall, daß dies Kolleg zu den wenigen gehört, die ich ausgearbeitet habe. Es steht mir heute noch zur Hand, nun als ein Stück Forschungsgeschichte.

Für das Staatsexamen war neben den zwei Hauptfächern ein Nebenfach erforderlich. Ich wählte als solches Evangelische Religionslehre. Bei meiner doch ziemlich eingehenden Beschäftigung mit der mittelalterlichen deutschen Literatur hatte ich immer wieder auch mit mittelalterlicher Theologie zu tun gehabt. Ja, sie hatte mich stets besonders interessiert. Hauptsächlich von daher, wenn auch nicht von daher allein, kam nun diese Wahl. Allzuviel leisten konnte ich in den paar Marburger Semestern für das Nebenfach nicht. Hier hatte ich später noch manches nachzuholen und holte es auch nach. Doch brachte mir gerade dieses Fach eine sehr wichtige menschliche Begegnung, nämlich die mit dem Kirchenhistoriker und Neutestamentler Adolf Jülicher, einem Hauptvertreter der in der damaligen Fakultät herrschenden liberalen Theologie. Sein Nachfolger, Hans von Soden, hat in einer Gedächnisvorlesung (5) auf Jülich besonders dies hervorgehoben: „An ihm trat wohl jedem, der ihm begegnete, die Forderung der Wahrhaftigkeit in einer, ich möchte sagen, geradezu gebieterischen Weise entgegen." Das habe auch ich sehr deutlich gespürt, wenn ich es auch nicht so deutlich hätte formulieren können. Der Eindruck von Jülichers Persönlichkeit ist im Lauf meines Lebens nicht schwächer geworden, hat sich eher verstärkt. Auch weiß ich heute, daß hinter jenem Wahrheitssinn eine Glaubenshaltung stand. – Als bloße Tatsachen seien abschließend noch erwähnt, daß zu meinen akademischen Lehrern auch die Privatdozenten Rudolf Bultmann und Nicolai Hartmann gehört haben und daß ich in Jülichers Kolleg immer wieder mit der damals noch nicht konvertierten Gertrud von Le Fort zusammentraf.

Auch in Marburg habe ich die Semester gut ausgenutzt und, wie man heute sagen würde, „zügig" studiert. Doch auch hier war ich keine Stubenhockerin. Dafür sorgte auch ein geselliger Kreis, dem ich dort angehörte. Es war ein halb aus Männlein, halb aus Weiblein bestehender Mittagtisch, der von einer Postratswitwe, Frau Friedrichs, freundlich umsorgt wurde und der aus einem anekdotischen Anlaß „die Marschallstafel" hieß. In dieser Marschallstafel teilten wir Freud und Leid. Das Leid bestand meist in Examensnöten. Die Freude kam auf Wanderungen zu ihrem Recht und auch auf kleinen Festen, für die wir manches an Witz und Einfällen aufboten. Alle. die diesem Kreis angehört haben, denken gern an ihn zurück. Mir fällt er unweigerlich ein, wenn ich eine Reise antrete. Denn eins seiner Mitglieder, ein Hamburger, hat einmal zu mir gesagt: „Ich weiß, wie Sie reisen! Zahnbürste durch den Dutt (= Haarknoten) und auf die Bahn." Das war einmal! Auch zwischen den Semestern bot sich gelegentlich eine Ausspannung. So einmal im Spätsommer 1912 eine Bootswanderung, die vom Müggelsee durch den Teltowkanal bis Brandenburg a.d. Havel und wieder zurück führte. Eine noch rüstige mütterliche Freundin hatte mich dazu aufgefordert, und ich griff gern zu. Mit einem scharfen Dackel als Schutz stürzten wir uns in das für jene Zeit noch etwas ungewöhnliche Unternehmen, das denn auch allerlei Zwischenfälle mit sich brachte, zumeist freilich drollige. Die märkische Landschaft hat sich mir damals, ehe sie mir für lange Jahre fern rückte, noch einmal tief eingeprägt. Die schönen Seen waren wirklich so, wie eine dichterische Schilderung sie beschrieben hat:

„Nicht rasch und nicht verwegen
Bricht sich der Strom die Bahn.
Er träumt sich still entgegen
dem fernen Ozean,

Formt Seen, die sich runden,
Und doch, von Sehnsucht schwer,
Dem nächsten schon verbünden,
Als ahnten sie das Meer.“ –

Im November 1913, also nach meinem achten Semester, meldete ich mich zum Staatsexamen, blieb aber bis April 1914 noch in Marburg, wo ich m. W. sogar noch „Hörerin“ war und so eine Art 9. Semester hinzugewann. Die eine Hausarbeit bekam ich von Jaensch über ein psychologisches Thema. Für die andere, die germanistische, hatte ich Vogt selbst ein Thema vorgeschlagen, und zwar eins, das sich später zur Doktorarbeit ausbauen ließ. Im Oktober 1914 bestand ich dann das mündliche Examen. Damit war ich Kandidatin des höheren Lehramts und hatte von Marburg Abschied zu nehmen.

Die letzte Zeit der Examensvorbereitung und das Examen selbst fielen schon in den ersten Weltkrieg. Ich muß gestehen, daß ich die Tragweite dieses Geschehens durchaus nicht gleich begriffen habe. Etwas kann dabei mitgesprochen haben, daß Examenskandidaten ziemlich introvertiert sind. Doch damit allein ist wohl doch nicht erklärt, daß der Krieg, an dem immerhin nächste Angehörige von mir beteiligt waren, mir wie ein einmaliger Unglücksfall nach den langen Friedensjahren erschien. Hier wirkte offenbar die eigentümlich unpolitische Atmosphäre nach, in der ich aufgewachsen war – und nicht nur ich! Erst im weiteren Verlauf des Krieges ging mir auf, daß kein einmaliger Unglücksfall vorliege, sondern daß die Weltgeschichte als solche doppelbödig sei. Zunächst aber lag das noch außerhalb meiner Sicht.

Nach abgelegtem Staatsexamen hätte ich, um endgültig in den Schuldienst einzutreten, die damals noch einjährige praktische Ausbildung absolvieren müssen. Vor dem Schuldienst aber hatte ich eine Scheu, obwohl ich doch gute Schulerfahrungen gemacht hatte und obwohl ich später an der Universität mit großer Freude unterrichtet habe. Woher diese Scheu kam, weiß ich nicht zu sagen. Natürlich fand ich einen rationalen Grund für sie. Es sei besser, so sagte ich mir, erst die Staatsexamensarbeit zur Dissertation auszubauen, und das sei in dem anstrengenden Ausbildungsjahr wohl schwer zu machen. Gleichzeitig war ich mir aber darüber klar, daß ich meiner Mutter nicht mehr auf der Tasche liegen dürfe. So habe ich denn anderthalb Jahre auf dem Lande Kinder von Bekannten unterrichtet, die keine höhere Schule in der Nähe hatten. Dabei sprach auch mit, daß man in Kriegszeiten gern etwas unmittelbar Nützliches tut. Die anderthalb Jahre haben mir nicht geschadet. Es war lehrreich, die Welt auch einmal vom Standpunkt der Landbewohner aus zu sehen, die es in den Kriegszeiten übrigens schwer hatten. Allerlei volkskundliche Beobachtungen ergaben sich natürlich auch. Und schließlich konnte sich das, was ich in meinen Semestern eingeheimst hatte, nun einmal „setzen". In einem Punkt aber war meine Rechnung falsch. Die für die Abfassung einer Dissertation nötigen Bücher waren auf dem Lande schwer oder gar nicht zu beschaffen. So beschloß ich nach diesen 1 1/2 Jahren. an die hierfür ergiebigste Quelle zurückzukehren, d.h. nach Marburg. Ich schrieb zu dem Zweck einen Brief an F. Wrede, in dem ich anfragte, ob er an einem seiner beiden dialektologischen Institute, dem Sprachatlas oder dem Hessen-Nassauischen Wörterbuch, einen Halbtagsposten für mich habe; die restliche Zeit gedächte ich für meine Dissertation auszunutzen. Ich machte keinen Hehl daraus, daß ich eine wirtschaftliche Abstützung brauchte. Doch fügte ich hinzu, daß ich aller Wahrscheinlichkeit nach an der zu leistenden Arbeit ein wachsendes Interesse gewinnen würde. Dabei erinnerte ich mich jenes bedeutsamen Kollegs vom Sommer 1912. Auch Wrede dürfte sich der Hörerin von damals erinnert haben. Jedenfalls schrieb er, daß er einen solchen Halbtagsposten am Hessen-Nassauischen Wörterbuch habe. Daß die Bezahlung sehr bescheiden war, weil das Wörterbuch nicht viel Geld zur Verfügung hatte, störte mich nicht. Ich wußte, daß ich auch mit wenig auskommen konnte. Am 1. 9. 1916 trat ich diesen Posten an.

3. Sieben Lehrjahre (1916–23)

Das Hessen-Nassauische Wörterbuch, an dem ich meine Arbeit aufnahm, gehört in den Kreis der großen modernen Mundartwörterbücher, die in ihrem Zusammenwirken eine Gesamtaufnahme des mundartlichen deutschen Wortschatzes ergeben. Damit schaffen sie eine entscheidende Voraussetzung für die Geschichte des deutschen Wortschatzes überhaupt. Auch der Wortbestand unserer Hochsprache ruht auf der unermeßlichen Fülle des mundartlichen Wortgutes, aus dem er einmal entwickelt worden ist, aus dem er auch weiterhin geschöpft hat und ohne dessen Kenntnis seine Entwicklung nicht zu verstehen ist. Kein Wunder denn, daß die Preußische Akademie der Wissenschaften sich bewußt war, „eine der dringendsten Aufgaben der (germanistischen) Wissenschaft" anzugreifen, als sie erst zu einem Rheinischen Wörterbuch den Anstoß gab, dann zu einem Preußischen (d.h. ost- und westpreußischen) und zu einem Hessen-Nassauischen. Allerdings umfaßte dessen Bereich nicht nur die Provinz Hessen-Nassau, sondern durch Einbeziehen der darmstädtischen Provinz Oberhessen und kleinerer Abrundungen ein Gebiet vom Habichtswald bis zum Main, von der Werra bis zum Rhein. Wegen der Vorbereitungen dieses Wörterbuchs hatte sich die Akademie durch Roethe 1911 an Prof. Ferd. Wrede gewandt, den Leiter des Sprachatlasses des Deutschen Reichs in Marburg. Wrede hat sich nur zögernd entschlossen, zur Leitung des Sprachatlasses auch Anlage und Betreuung des Hessen-Nassauischen Wörterbuchs hinzunehmen. Nachdem er dann aber eingewilligt hatte, hat er sich auch für das neue Werk mit der unbeirrbaren Energie seines Wesens eingesetzt. Was er in den ersten Jahren, unterstützt von Dr. Kroh, am Wörterbuch an Organisation, aber auch an aufreibender Kleinarbeit geleistet hat, kann hier nur angedeutet werden. So fand ich denn 1916 schon eine tragfähige Grundlage vor. Das Wichtigste, nämlich die Gewinnung von freiwilligen Sammlern, meist Lehrern, war über den ganzen Bereich hin schon weit vorangetrieben, und das von ihnen Mitgeteilte füllte schon einen ansehnlichen Zettelapparat. Auch war schon 1914 ein erster Fragebogen ausgegeben worden und gut beantwortet zurückgekommen. Er sollte nicht nur die freie Sammlung ergänzen, wie das bei allen diesen Unternehmen nötig ist, sondern war zugleich so angelegt, daß er eine Reihe von wortgeographischen Karten ergeben mußte. Das heißt Karten, die zeigten, wie sich die verschiedenen Bezeichnungen für ein und dieselbe Sache, Eigenschaft, Tätigkeit usw. geographisch über unser Gebiet verteilten. Daß die Wortgeographie gleich in den Anfängen der Sammlung eine Rolle spielte, hing mit einer Entwicklung zusammen, auf die ich bald näher zu sprechen komme. Soweit zu dem, was ich vorfand – und das war viel. Aber natürlich waren, wie bei allen ähnlichen Unternehmungen, noch Jahre der Sammlung und Verarbeitung nötig, ehe die erste gedruckte Lieferung erscheinen konnte, was bei uns 1927 der Fall war.

Zunächst erstaunte ich über die Fülle des schon vorhandenen und immer noch nachströmenden Materials. Ein Außenstehender kann sich von ihr keine zureichende Vorstellung machen, und selbst für die, die drin standen, war sie oft überwältigend. In dieser ersten Zeit hatte ich bisweilen das Gefühl, in all dem ertrinken zu müssen. Auf diese Zeit folgten Jahre, in denen ich, um im Bilde zu bleiben, wenigstens „Wasser trat". Und schließlich kam eine Zeit, in der ich anfing zu schwimmen. Daß es dazu überhaupt kam, hat verschiedene Ursachen. Einmal war der Stoff überaus reizvoll, nämlich, um mit dem Schweizer Dialektologen Hotzenköcherle zu sprechen, „ein Spiegel des von ihm erfaßten Sprachvolkes". (6) Sodann beleuchteten sich die einkommenden Einzelheiten je länger, je mehr gegenseitig. Besonders traten die wortgeographischen Karten zueinander in das Verhältnis wechselseitiger Erhellung. So war es kein Wunder, daß ich die Arbeit, trotz der tausendfältigen Mühen, die sie machte, sehr fesselnd fand. Freilich half mir dabei etwas, was ich nur als eine besonders günstige Fügung meines Lebens bezeichnen kann, nämlich Wredes Pädagogik, mit der er mich sicher in diese Arbeit einführte, und, was ebenso wichtig ist, der tägliche Umgang mit einem Gelehrten, der in seiner Wissenschaft wirklich lebte und mir die neue Sicht der Dialektgeographie aus lebendiger Tradition heraus zutrug. Doch nun ein Wort zu dieser neuen Sicht und ihren bis 1923 erbrachten Ergebnissen. Viel von dem, was ich am Hessen-Nassauischen Wörterbuch an

Kenntnissen und Erkenntnissen gewann, hätte ich an den Arbeitsstellen der verwandten Unternehmen ebenfalls erlangen können. Eins aber konnte ich nur hier gewinnen, die lebendige Verbindung mit der am Sprachatlas bereits entfalteten und sich immer weiter entfaltenden Dialektgeographie. Den Gründer des Sprachatlas, Georg Wenker, habe ich zwar nicht mehr kennen gelernt, da er 1911 gestorben war. Um so genauer lernte ich seinen Nachfolger kennen, F. Wrede, der schon 1887 Wenkers Mitarbeiter geworden war und der den Sprachatlas sozusagen in den Sattel gesetzt hat, so daß er reiten konnte.

Was ich in dem Kolleg des Sommersemesters 1912 nur in Andeutungen mitbekommen hatte, das erlebte ich nun aus erster Hand. Die mit Lautgesetzlichkeit unvereinbaren Grenzbündel, die sich ergaben, wenn man eine Reihe von Beispielen für denselben Lautwandel kartographisch darstellte, habe ich zum Teil selbst gezeichnet. Weiter zeigte sich, wenn man in einen größeren Raum die Scheidelinien verschiedenartiger Lauterscheinungen eintrug, ein wirres Durcheinander, das jeder Deutung zu spotten schien. Und dann ließ sich die erstaunliche Feststellung machen, daß durch diesen scheinbaren Wirrwarr doch ein Erklärungsmoment hindurchblickte, nämlich der Territorialgeschichte des späten Mittelalters. Aus politischen. wirtschaftlichen, konfessionellen Gründen usw. hatten diese Territorien ihre Einwohner, was den Verkehr betrifft, nach innen zusammengehalten, nach außen abgeschlossen. Infolgedessen hatten sich an ihren Grenzen auch die Mundartscheiden zusammengeschoben. Und dieses oft kleinmaschige Gefüge hatte in einer Art von „Märchenschlaf“ (dies ein Ausdruck von Frings (7)) bis an die Schwelle der Neuzeit überdauert. Das erwiesen nun (nach Vorstößen von Haag) die Doktorarbeiten von Schülern Wredes, die das reiche Material des Sprachatlas in direkter Beobachtung nachprüften und vervollständigten. Die erste dieser Arbeiten, die von Ramisch (1908), die ein Stück niederrheinischer Dialektgeographie bot, zeigte das ebenso wie ähnliche Arbeiten aus Hessen, Nassau, Westfalen, Ostpreußen usw. Die Überraschung über dieses Ergebnis war groß, und mit Recht rechnete Wrede von Ramischs Arbeit an einen wichtigen Einschnitt in der Geschichte der deutschen Mundartforschung (8).

Doch es blieb nicht bei dieser ersten Überraschung. Daß die Mundartlandschaft in den Rahmen der Territorien hineingewachsen war, bedeutete eine sprachliche Kleinbewegung. Es zeigte sich aber, daß durch das Netzwerk jener Territorien auch größere Sprachbewegungen fortgeschritten waren. Darauf deuteten neben manchem andern in unmittelbarer Weise Relikte, d. h. Restformen älterer Sprachzustände, und mittelbar sog. Kontaminationen, d. h. Mischungen von alt und neu. Unter Ausnutzung all solcher Beobachtungen und in ständigem Befragen der Landes- und Ortsgeschichte konnte Frings schon 1922 eine „Rheinische Sprachgeschichte" wagen, die der (nicht zur „Marburger Schule" gehörige) Berliner Germanist Arthur Hübner dahin kennzeichnete, sie habe eine Fülle dialektologischer Kleinarbeit zusammengefaßt „zu einem Gemälde von überschauendem Rundblick und historischer Tiefengliederung" (9). Ja, in einem Aufsatz Wredes von 1919 deutete sich schon jene von Südost nach Nordwest streichende Sprachbewegung größten Ausmaßes an, die sich später als eine Art Konstante der deutschen Sprachgeschichte erwies und dann eingehender untersucht und gedeutet wurde (10). So lösten sich Rätsel und andere größere standen hinter ihnen auf. Die Zeiten, in denen das in einer Wissenschaft geschieht, kann man wohl eine Sternstunde nennen.

Nach dem Geschilderten ergab sich statt des mit den pseudonaturwissenschaftlichen Lautgesetzen gewonnenen Bildes, das relativ einfach und harmonisch war, ein „Alles fließt" sprachgeschichtlichen Lebens, das weiterer Erforschung und geschichtlicher Deutung harrte. Die sprachgeschichtlichen Ergebnisse aber erwiesen immer aufs neue die Richtigkeit der ihnen zugrunde liegenden soziallinguistischen Betrachtungsweise gegenüber der bisher geübten individuallinguistischen (11). Immer wieder zeigten sich Mischung und Ausgleich als Erscheinungen des Sprachlebens, die in ihrer Wichtigkeit kaum überschätzt werden konnten. Wenker hatte recht gehabt, als er schon 1885 schrieb, daß die Gesetze sprachlichen Werdens und Wandels sich in den Mundarten wie nirgends sonst an der Quelle studieren ließen (12). Durch ihre grundsätzlichen Ergebnisse wies die am Sprachatlas erwachsene deutsche Dialektgeographie über ihr Ursprungsland hinaus ins Allgemeingültige.

In diese höchst bewegte Forschungssituation trat ich ein, als ich 1916 die Wörterbucharbeit aufnahm. Die Lage war um so spannender, als die neuen Aspekte sich durchaus nicht gleich überall durchsetzen konnten. Ein starkes Hemmnis dafür war, daß die Sprachatlaskarten nur im Original zugänglich waren. Je ein Exemplar jeder Karte lag in Marburg und Berlin, und publizierbar waren sie zunächst nicht. Wohl gab es Gelehrte im In- und Ausland, die, betroffen von dem Neuen, das da zutage trat, selbst die Reise zu den Marburger Karten nicht scheuten. Doch es gab auch andere, die sich von den alten Anschauungen um keinen Preis trennen konnten. Man muß zugeben, daß es keine Kleinigkeit war, aus den relativ einfachen und harmonischen „Sprachelysien" (ein Ausdruck Wredes) (13), die es bisher gegeben hatte, in die unendliche Fülle der konkreten Sprachgeschichte umzuziehen. So hatte es denn schon vor den Jahren 1916-23 allerhand Auseinandersetzungen gegeben, und es gab sie auch während dieser Zeit (14) und nachher noch. Aber diese Kämpfe waren erfrischend und banden die Kämpfenden untereinander und mit ihrem Vorkämpfer Wrede in eigentümlicher Weise zusammen. Mehrmals hat Wrede von der schönen Arbeitsgemeinschaft gesprochen, die so entstanden war, so z. B. auch 1926 in der Vorrede zum „Deutschen Sprachatlas", d. h. dem aus den handschriftlichen Karten endlich erstellten Druckwerk. Dieser eigentümliche Zusammenhalt zeigte sich übrigens auch darin, daß die Einzelnen ihre einschlägigen Gedanken nicht ängstlich festhielten, sondern sie zu Nutz und Frommen der Sache auch den anderen mitteilten. Ja, gelegentlich ließ sich kaum noch erkennen, wer welchen Gedanken zuerst eingebracht hatte. Im Blick darauf konnte Hans Kuhn, der dann später nach Kiel ging, in einem Aufsatz von 1933 sagen, daß es für ihn schwer sei, Eigenes und Fremdes immer richtig zu scheiden (15). – Doch ich fasse zusammen: hatte mir der Besuch der Gymnasialkurse den ersten entscheidenden Anstoß fürs Leben gegeben, so bekam ich den zweiten nun am Sprachatlas.

Die Ergebnisse, zu denen der Sprachatlas geführt hatte, beruhten, gemäß seiner Anlage, fast durchweg auf Lautgeographie, d. h. auf geographischen Abgrenzungen zwischen den verschiedenen Lautgestalten ein und desselben Wortes. Die überraschenden und reichen Ergebnisse dieser Lautgeographie legten die Frage nahe, ob nicht auch die Wortgeographie ähnlich wichtige Ergebnisse liefern könnte und welche. Sie hat es, wie ich schon sagte, mit der geographischen Abgrenzung zwischen verschiedenen Bezeichnungen für ein und dieselbe Sache, Eigenschaft usw. zu tun. Wrede hatte, wie ich auch schon sagte, gleich anfangs für die Sammlungen des Hessen-Nassauischen Wörterbuchs durch einen Fragebogen wortgeographische Karten gewonnen. Ihre Ergebnisse waren so interessant, daß sie zum Fortschreiten auf dem eingeschlagenen Weg ermutigten. So schlug ich denn Wrede etwa 1920 eine ganze Fragebogenserie vor, die nicht zuletzt auch weitere wortgeographische Karten einbringen sollte, und fand damit seine Zustimmung. Im übrigen war uns allen klar, daß die Wortgeographie in so manchem unter anderen Bedingungen stand als die Lautgeographie. Um nur einen sehr wichtigen Punkt herauszuheben: im Gegensatz zum Einzellaut hat das Einzelwort eine Bedeutung, oft auch eine Bedeutungsentwicklung. Daher konnte man hier auf manches Neue und Unerwartete gefaßt sein. Das hat sich dann auch eingestellt. Doch davon später. –

In den ersten Teil dieser Lehrjahre am Wörterbuch fiel der Abschluß der aus der Staatsexamensarbeit entwickelten Dissertation. Sie hatte es mit den Kontrafakten zu tun, d. h. mit jenen eigentümlichen Umdichtungen weltlicher Lieder ins Geistliche, die für die Reformationszeit schon genau behandelt waren, für die vorreformatorische Zeit aber nur erst ungenügend. Hier suchte nun meine Arbeit das Nötige beizubringen. Es zeigte sich, daß sie vor der Reformation besonders bei den deutschen Mystikern beliebt waren. Der Wunsch, das gesteigerte religiöse Gefühl auch im Liede auszudrücken, hatte der Umdichtung weltlichen Liedguts Auftrieb gegeben. Am 23. 1. 18 bestand ich das Rigorosum. Obwohl damals kein Druckzwang bestand, habe ich doch (mit geborgtem Geld!) einen Teildruck herausgebracht und sah ihn von einem Kenner wie Philipp Strauch in Halle günstig beurteilt (16). Nach Abschluß und Druck der Dissertation gab es eine Weile keine unmittelbar dringende Nebenarbeit und dadurch die Möglichkeit zu verstärkter Beschäftigung mit dialektologischen Problemen und auch etwas mehr Freizeit. Dann aber kündigte sich eine neue sehr dringende Verpflichtung an, nämlich die Abfassung einer Habilitationsschrift. Denn es hatte sich ergeben, daß ich mich habilitieren könnte, ja sollte. Wredes kurze, aber eindrucksvolle Verlautbarung hierzu werde ich nicht vergessen. Eine ihrer Voraussetzungen, wenn auch nicht die wichtigste, war, daß das Wörterbuch nicht etatisiert war, sondern von Zuschüssen lebte, die in schwankenden Zeiten schwanken konnten und trotz aller Bemühungen Wredes auch schwankten. Das Ergebnis war, daß ich und die anderen Mitarbeiter oft unzureichend bezahlt waren, was Wrede selbst sehr schmerzlich empfand. Dies war hier noch vorauszuschicken. Wrede erschien nun in meinem Arbeitsraum und erklärte mir mit einem Anflug von Feierlichkeit und mit Nachdruck dies: „Ich werde Ihnen mal was sagen: wir müssen Sie habilitieren. Das Zeug dazu haben Sie. Und dann können wir Ihnen wenigstens das Privatdozentenstipendium geben.“ Ich nahm seine Mitteilung mit Fassung auf. Den ersten Punkt hielt ich für zutreffend und, was den zweiten anbelangt, so schien mir eine geldliche Aufbesserung und eine wenn auch etwas problematische Sicherung durch Habilitation so langsam nötig. So wurde denn dieser gemeinsame Beschluß gefaßt. Daß es doch eigentlich auffällig war, eine Frau zu habilitieren, wurde weder von Wrede erwähnt noch von mir empfunden.

Hinter Wredes Beschluß stand freilich mehr, als er gesagt hatte, und auch mehr, als er zu sagen nötig hatte. Ich war immer mehr eine Säule der Wörterbucharbeit geworden. Für diese aber rückte nun langsam die Abfassung des aus unseren Sammlungen zu erstellenden Druckwerks und ich als seine Verfasserin in Sicht. Denn zusätzlich zu seiner sonstigen Arbeit konnte Wrede das nicht auch noch leisten. Es kam hinzu, daß ich mich immer mehr in die Dialektgeographie eingearbeitet hatte, wie ich das geschildert habe, und daß Wrede es für gut halten mochte, die neuen und daher immer noch umkämpften Gedanken auf einem weiteren Katheder vertreten zu sehen. Und daß meine unzureichende Besoldung und die völlige Unsicherheit meiner Existenz dadurch gebessert wurde, lag ihm natürlich auch am Herzen. Soviel zu den Hintergründen dieses Beschlusses. So steuerte ich nun also dies neue Ziel an. Meine Habilitationsschrift konnte ich in gewissem

Grade an die Dissertation anknüpfen. Eine von dieser benutzte Handschrift des 15. Jahrhunderts hatte nämlich mit verschiedenen sprachlichen Eigenheiten auf das Elsaß hingedeutet. Auf diese Beheimatung machte ich nun die Rückprobe von der modernen Mundart aus. Doch ging ich dabei anders vor als die bisherigen Rückproben, indem ich mich auf das reiche Material der Sprachatlaskarten, vor allem aber auf die am Sprachatlas gewonnenen methodischen Erkenntnisse stützte und zugleich alles Eklektische mied. So lag das Schwergewicht der Arbeit im Methodischen. Das zeigte auch der Titel ihrer Buchausgabe (sie war vorher als Aufsatz erschienen): „Alter Text und moderne Mundart. Grundsätzliches zur Heimatbestimmung alter Texte“ (1927). – Als Nebenergebnis bot die Arbeit erste Beobachtungen über eine starke sprachliche Einstrahlung in das Elsaß, die von Norden kam und in jedem Fall nach dem 15. Jahrhundert lag. Eine Sonderuntersuchung über die Sprachgeschichte des Elsaß hat diese Beobachtungen dann bestätigt, vermehrt und zu deuten gesucht (17).

Die Abfassung der Arbeit war von merkwürdigen Nebenumständen begleitet. Wrede erklärte mir nämlich, daß ich sie noch im Amtsjahr des derzeitigen Dekans, Professor Wedekind, abschließen müsse, da dieser gegen eine Dozentin nichts einzuwenden habe. Wie der nächste Dekan denke, das wisse man hingegen nicht. Damit drückte er mir den Hausschlüssel des Sprachatlas in die Hand und ermunterte mich zu eifriger Nachtarbeit. Irgendwelche Erleichterungen meiner Dienstzeit erfuhr ich gleichwohl nicht; in diesem Punkt war Wrede ganz „preußisch", und zwar auch gegen sich selbst.

Die nunmehr im Sprachatlas verbrachten Nachtstunden stehen mir in sehr deutlicher Erinnerung. Die Wirkung des zum Wachhalten mitgenommenen Kaffees und die Spannung, mit der ich die Ergebnisse der Untersuchung sich immer deutlicher abzeichnen sah, verbanden sich zu einer Art feinem Rausch, der gar nicht unangenehm war. Trotzdem war ich schließlich doch befriedigt, als die anderthalbfache Arbeitslast ein Ende fand und ich die Schrift fristgerecht einreichen konnte. Die sonstigen Habilitationsleistungen, d. h. die Probevorlesung nebst Kolloquium und die Antrittsvorlesung, fielen allerdings schon in das neue Dekanat.

Alles ging gut vorüber. In meiner Antrittsvorlesung (8. 12. 23) über „Stand und neue Wege der Eckhart-Forschung", zu der ich wegen dürftiger Geldlage in einem geborgten Feierkleid erschien, wurde zwar einer Dame wegen der dicken Luft flau; doch geleitete man sie schnell und unauffällig hinaus. Nach der Vorlesung verlieh mir der nunmehrige Dekan, Professor Lommatzsch, der, wie inzwischen deutlich geworden war, auch nichts gegen eine Dozentin einzuwenden hatte, mit freundlichen und anerkennenden Worten die venia. Der Lehrkörper war von meiner Darbietung offenbar befriedigt, und von dem alten Geheimrat Natorp wurde sogar die Äußerung berichtet, es sei gut, daß die Muttersprache nunmehr eine Sprachmutter habe. Ein wenig schmerzlich war mir der Gedanke, daß niemand von meinen Angehörigen der Vorlesung beigewohnt hätte. Doch hierin irrte ich. Mein ältester Bruder Franz war schon am Abend des 7. 12. angekommen, hatte mich aber nicht mehr besucht, um mich nicht in den letzten Vorbereitungen zu stören. Nun stand er plötzlich mit einem Blumenstrauß unter den Gratulanten, um mir die Glückwünsche von Mutter und Geschwistern zu bringen. Beschlossen wurde der Tag mit einer kleinen Feier im Hause Wrede, für die mein Kollege Bernhard Martin, ein bewährter Gelegenheitspoet, ein Poem beigesteuert hatte, das sogar singbar war und auch gesungen wurde.

Der 8. 12. hatte mich zur ersten und für 22 Jahre einzigen Dozentin Marburgs gemacht. Ich war zwar nicht die erste deutsche Hochschuldozentin, aber ich gehörte doch zu dem ersten Trupp, also dem Vortrupp, und habe das ja denn auch zu spüren bekommen. Natürlich war ich mir des Besonderen meiner Lage bewußt. Wie sollte ich nicht? Daß bei meiner Antrittsvorlesung der Hörsaal überquoll, weil man diese kleine Sensation miterleben wollte, entging mir ebensowenig wie andere kleine Vorkommnisse ähnlicher Art. Doch es machte mir gefühlsmäßig wenig aus. Denn ich glaubte, nun genau an der Stelle zu stehen, an die ich auch gehörte.

Wenn mir im übrigen die Habilitation nun auch das Privatdozentenstipendium einbrachte und meine Geldlage damit besserte, so war ich natürlich doch immer noch nicht wirklich gesichert. Daß es in Preußen noch eine Weile dauern werde, bis „vollgültige

Professuren“ Frauen übertragen würden, hatte Wrede in einem Gratulationsbrief (12. 12. 23) an meine Mutter deutlich gesagt und hatte er auch mich schon vor der Habilitation wissen lassen. Allerdings hatte er in jenem Brief tröstend zugefügt, die preußische Regierung habe „noch niemals einen Privatdozenten verhungern lassen", und gleichzeitig versichert, er werde „die Augen offen halten“. Nach meiner Erinnerung habe ich den Brief erst 1929 im Nachlaß meiner Mutter gefunden. Aber, daß Wrede die Augen über mir offen hielt, war mir auch vor seiner Auffindung ganz sicher. Die menschlich-persönliche Haltung, die durch diesen Brief hindurchblickt, zeigte Wrede auch sonst, wo immer sie angebracht war. Und schließlich hatte er auch Sinn für Humor. Dafür wenigstens ein Beispiel. Als sich 1923 Wredes 60. Geburtstag näherte, fragten mich Studenten, was sie ihm an diesem Tag als Ständchen singen sollten. Ich riet ihnen, zweimal hintereinander „Schier 30 Jahre bist du alt“ zu singen. Das leuchtete ihnen ein. Während nun am 15. 7. dies Lied zum ersten Mal stieg, fragte Wrede, der am offenen Fenster neben mir stand, etwas verdutzt: „Sind die verrückt geworden?“ Doch dann begriff er und war sehr erheitert.

Der geschichtliche Hintergrund, vor dem sich mein persönliches Geschick abspielte, waren die letzten Kriegsjahre mit ihrer Misere, die Revolution von 1918 und die ersten Jahre der Weimarer Republik. Die Misere der letzten Kriegsjahre und der nächsten Folgezeit ist hinreichend bekannt. Sie war für mich deshalb ziemlich schwer, weil ich geldlich ja recht bescheiden dastand und durch meine dienstliche Bindung während des Vormittags auch legale Kaufgelegenheiten oft nicht ausnutzen konnte. Einige wenige Einzelheiten seien herausgegriffen. Ich erinnere mich an langes Herumkriechen in feuchtem Herbstlaub, da eine bestimmte Portion Bucheckern von der Marburger Ölmühle mit Öl belohnt werden sollte. Ich habe diese Portion nie geschafft, zum Ausgleich aber eine tüchtige Erkältung heimgebracht. Eine Weile suchte ich meine Lage durch Essen aus der Volksküche aufzubessern. Da ich wegen des Dienstes ihre Öffnungszeiten nicht erreichte, ließ ich mir durch ein Schulkind gegen Entgeld zwei Portionen Essen besorgen, eine für den Mittag, eine für den Abend. Diese Besorgung hatte immerhin den Vorteil, daß ich den „Drahtverhau" (Dörrgemüse), den „Schierlingsbecher" (Wildgemüse) und anderes mehr ohne den großen Lärm der Volksküche genießen konnte. Ähnlich wie mit der Ernährung stand es mit der Heizung und dem Licht. Daß „geheizt" noch lange nicht „warm" bedeutet, begriff man schnell. Glücklicherweise konnte hier der Lesesaal der Bibliothek manchmal aushelfen. Und was das Licht betraf, so war es immerhin zu Silvester und wohl auch an anderen bedeutsamen Tagen möglich, bis 12 an der Arbeit zu sitzen. Ansonst empfahl sich das Licht um 10 Uhr, und nur eine etwa ergatterte Stearinkerze konnte weiterhelfen. Diese paar Einzelheiten mögen statt vieler stehen.

Seinen „9. November" hatte Marburg in der Nacht vom 10./11. November. In ihr wurde auf dem Rathaus die rote Fahne gehißt und ein Soldatenrat gebildet, der sich später zum Arbeiter- und Soldatenrat erweiterte. Hatte ich den Krieg anfangs ganz ungenügend beurteilt, dann zunehmend klarer, so war sein Ende ja nun geeignet, einem die Augen zu öffnen. Sehr zu schaffen machte mir die Kriegsschuldfrage, genauer die These von der Schuld Deutschlands und seiner Verbündeten am Krieg, die der Versailler Vertrag aussprach und mit denen er die Reparationen begründete. Allerdings zeigte die ernste Forschung, auch die des Auslandes, bald, daß die Dinge so einfach nicht lagen. Freilich blieb auf unserer Seite ein gutes Maß von Mitschuld, nicht zuletzt durch schwankende Politik (18). Das aber bedrückte auch. – Es kam die Wahl zur Nationalversammlung im Januar 1919 und als Vorläufer dafür die Bildung von Parteien. Ich bin damals durch die Versammlungen so ziemlich aller Parteien gezogen, um mir ein Urteil zu bilden. Denn auch ich durfte ja nun wählen. Noch 1908 nicht einmal als Mitglieder politischer Vereine zugelassen hatten die Frauen jetzt das Wahlrecht erlangt, zunächst 1918 einfach kraft Revolutionsrechts (19), dann endgültig in der Verfassung von 1919. Nach einigem Hin und Her landete ich bei der Deutschen Volkspartei. Diese habe ich dann bis zum 5. 3. 33 einschließlich gewählt, d. h. also solange, wie man noch wirklich wählen konnte. Freilich waren meine politischen Bemühungen fast nur auf die Wahlzeiten beschränkt. Wenn man bei zeitweise dürftiger Ernährung vormittags Institutsarbeit leistet, im übrigen aber eine Dissertation und danach eine Habilitationsschrift abzufassen hat, so bleibt leider wenig Zeit für anderes. Daß es anderen jungen Gelehrten ähnlich ging und geht, sei am Rande vermerkt, aber durchaus in dem Sinn, daß es nicht so sein sollte. Vielmehr sollte es ihnen möglich sein, ein bestimmtes Maß politischer Mitarbeit zu leisten zum Nutzen der Allgemeinheit und der eigenen menschlichen Reife.

Gegen den Schluß der Berichtszeit kam dann noch die Inflation, die kurz vor meiner Antrittsvorlesung endete. Auch dieses wirtschaftliche Pandämonium ist bekannt. Als Kuriosum und in dankbarer Erinnerung erwähne ich, daß die von irgendeinem Gönner mit einer Ladung Kakao beschenkte Deutsche Forschungsgemeinschaft auch mir, der angehenden Dozentin, ein Säckchen davon als „Sachwert" zusandte. Das war eine wirkliche Hilfe. Und warum sollte ich nicht zu dem Sachwert Kakao übergehen, wenn zu eben dieser Zeit Theodor Heuß, wie er in seinen Erinnerungen vermeldet, zu dem Sachwert Käselaibe flüchtete? (20) Im übrigen hat sich die Inflation an mir nicht ganz so schlimm ausgewirkt, weil ich, ehe sie den Gipfel erstieg, das Budenleben aufgab und in die Pension der Professorswitwe Frau Link übersiedelte. Unter ihrem Schutz und in einem richtigen Haushalt trugen sich die Dinge zwar immer noch nicht leicht, aber doch leichter. Das war freilich auch nötig; denn ich weiß nicht, ob und wie ich sonst die erwähnte Nachtarbeit geschafft hätte.

Persönliches mußte in diesen Jahren sehr zurücktreten. Die Naturliebe ließ sich zwar nicht ganz unterdrücken; doch mußten selbst Spaziergänge in jenen Grenzen bleiben, in denen sie bei der dürftigen Ernährungslage nicht zu sehr ermüdeten. Auch für den Umgang mit Menschen blieb nicht viel Kraft. In der Familie wirkte sich zudem ungünstig aus, daß nicht eins ihrer Glieder am Ort oder in wirklicher Nähe war und daß ich außer den vier Wochen. Sommerferien eigentlich nur ein paar Weihnachtstage herausschlagen konnte. Die suchte ich dann möglichst bei meiner Mutter zu verbringen. Im Sommer aber begab ich mich gern zu meiner in Freiburg verheirateten Schwester Marie, die verhältnismäßig leicht zu erreichen war. Im übrigen mußten Briefe die Verbindung mit den Familienmitgliedern aufrechterhalten. – Eine lohnende

Freundschaft in Marburg war die mit Fritz v. Rechenberg und seiner Frau Brigitte, die durch Rechenbergs Kusine Sigrid v. d. Schulenburg vermittelt worden war. Rechenberg, gewesener Berufsoffizier, begann 1918 in Marburg das Theologiestudium. Bei zeitgemäß dürftigen Gesundheitstees haben wir drei manches nicht so dürftige Gespräch geführt. Die Zeit bot dazu Anlaß genug. Ich habe Rechenbergs auch später nie ganz aus den Augen verloren. – Schließlich kreuzte 1917/18 Emmi Mertes meinen Weg. Fünf Jahre jünger als ich war sie studentische Hilfskraft am Wörterbuch und damit mein „Anlernling". Später führte diese Begegnung zu einer lebenslangen Freundschaft, von der an anderm Ort noch zu sprechen sein wird.

Das Schwergewicht dieser Jahre lag indes trotz aller menschlichen Beziehungen ausgesprochen in der wissenschaftlichen Arbeit. Es waren eben wirklich Lehrjahre! Das heißt, ihr Gutes und ihr weniger Gutes bemaß sich im wesentlichen nach dem größeren oder geringeren Fortschritt der Erkenntnis. Im Rückblick auf diese Jahre wundert es mich manchmal, daß ich bei der vielen Arbeit und der aus allgemeinen oder privaten Gründen oft so dürftigen Lebenslage überhaupt durchgekommen bin. Ich folgere daraus natürlich auch, daß ich offenbar eine widerstandsfähige Natur mitbekommen habe. Doch ich vermute gleichzeitig, daß eine Arbeit, die einen trägt, und ein Kreis Mitstrebender mit einem Gelehrten wie Wrede an der Spitze sich auch im gesundheitlichen Befinden auswirken. Ich bin übrigens Ärzten begegnet, die diesen Gedanken keineswegs seltsam, sondern erwägenswert fanden.

4. Von der Habilitation bis zur Übernahme der Wörterbuchleitung (Dez. 1923 bis Febr. 1934)

Durch meine Habilitation änderte sich mein Tageslauf nicht eben viel. Der Vormittag gehörte nach wie vor der Wörterbucharbeit. Vom Rest des Tages aber wurde der größte Teil von der Ausarbeitung der Kollegs beansprucht. – Die Wörterbucharbeit trat nun freilich langsam in ein neues Stadium, weil der Druck der ersten Lieferung endgültig in Sicht kam. Nach Wredes Wunsch und auch nach meinem eigenen sollte sie auf dem Gabentisch der Alma Mater liegen, die 1927 ihr vierhundertjähriges Jubiläum feierte.

Wenn auch die Sammlung selbstverständlich auf die Publikation hin angelegt war, so forderte der Druck dann doch noch viele Vorüberlegungen. Und zwar nicht nur solche zum Technischen, sondern auch solche zu wesentlicheren Fragen, vor allem zu der, wie nun die wortgeographischen Karten für den Druck auszunützen seien. Hier hatten sich die Vorstellungen im Lauf der Zeit gewandelt. Noch 1915 hatte Wrede nur gesagt, die Wörterbuchartikel würden sich einmal nach den Karten leichter schreiben lassen als nach Hunderten von Zetteln. (21) Doch die Bedeutsamkeit der Karten trat je länger, je mehr hervor. Dazu trug auch bei, daß durch die schon erwähnte Fragenbogenserie der wortgeographische Stoff sehr angewachsen war und daß seine Ergebnisse sich immer mehr wechselseitig erhellten. Schließlich arbeitete sich unabweisbar der Plan heraus, daß die Karten dem Druckwerk einverleibt werden müßten. Den Werdegang dieses sehr wichtigen Entschlusses zu schildern, ist mir nur noch angenähert möglich. Er lag gleichsam in der Logik der forschungsgeschichtlichen Tatsachen. (22) Daß der Plan sich mir bei meinem täglichen Umgang mit dem Wörterbuch früher und stärker aufdrängte als Wrede, ist nur natürlich. Doch es kostete keinerlei Mühe, ihn davon zu überzeugen, daß dieser Schritt nur eine letzte Konsequenz aus der von ihm selbst dem Wörterbuch zugetragenen wortgeographischen

Einstellung sei. Wir zogen also sehr rasch beide an diesem Strang. Auch war es Wrede nur recht, daß ich dem wichtigen Entschluß durch einen Aufsatz im 1. Band des Teuthonista den Weg bereitete. Damit waren die Würfel gefallen, und ich begab mich daran, Lieferung 1 in diesem Sinn auszuarbeiten.

Dabei entdeckte ich freilich bald, daß das Einarbeiten der Karten und überhaupt das ständige Achten auf die wortgeographischen Befunde sich auch auf die Darstellungsweise auswirken mußte. Denn die Karten und Befunde ließen nicht selten Sprachbewegungen erkennen. Dadurch aber kam dann auch in den zugehörigen Text ein dynamisches Element. Ich mußte den richtigen Griff dafür erst finden. Doch galt auch hier das tröstliche „dies diem docet“ (54). In jedem Fall lag die erste Lieferung des Hessen-Nassauischen Volkswörterbuchs (denn so war der Titel) mit sechs ganzseitigen und zwei teilseitigen Wortkarten 1927 pünktlich auf dem Gabentisch der Alma Mater. Leider muß ich bekennen, daß deren Jubiläum als Ganzes mich nicht übermäßig beeindruckt hat. Der fehlende „Sinn für Feierlichkeit“ hatte sich auch nach dem Berliner Jubiläum von 1910 nicht bei mir eingestellt. – Das Echo, das die 1. Lieferung fand, war verschieden. Gelehrte wie A. Götze, Helm und Teuchert urteilten sehr positiv. (23) Teuchert nannte das Einarbeiten der Wortkarten einen „entscheidenden Schritt“ und Helm wagte sogar die Prognose, andere Wörterbücher würden es nicht vermeiden können, auf diesem Wege zu folgen, eine Voraussage, mit der er schließlich Recht behalten hat. Sehr anders als die Genannten urteilte Arthur Hübner (Berlin). (23) Für ihn war mit der in das Wörterbuch eingearbeiteten Wortgeographie ein wesensfremdes Moment in die Lexikographie eingezogen. Daß damit der „alte Rahmen, der für die Wortforschung von Jahrhunderten ausgereicht hatte", gesprengt sei, erfüllte ihn mit starken Bedenken. Mit dem Konstatieren dieser Sprengung hatte Hübner vollkommen recht. Es fragte sich nur, ob sie nicht nötig gewesen war, eine Frage, die ich nach Jahren (1955) mit verstärkten Argumenten aufgenommen und bejaht habe (Orbis Band 4) und die auch von der weiteren Entwicklung bejaht wurde. Trotz allem war Hübners Rezension mir besonders wertvoll, weil sie das Ausmaß der Neuerung völlig richtig einschätzte und weil sie mit den Bedenken gegen dies Neue ein hohes Maß von Anerkennung für das Geleistete als solches zu verbinden wußte.

Die Fortführung des in Lieferungen erscheinenden Wörterbuchs war ab 1927 meine Hauptveröffentlichung und ist das bis heute geblieben. Zu zwei Aufsätzen literarhistorischen Inhalts, die in die Berichtszeit fallen, später ein Wort.

Wenn das Wörterbuch einen Geländegewinn für die Dialektgeographie bedeutete, so war solcher doch auch sonst zu beobachten, und zwar in reichem Maße. Ein Jahr vor der ersten Lieferung des Wörterbuchs, also 1926, hatte Wrede die erste Lieferung des Deutschen Sprachatlas vorlegen können, jenes aus den handschriftlichen Sprachatlaskarten gearbeiteten Druckwerks (s. S. 27), das seit 1931 B. Martin mitverfaßte. Damit war endlich der Zugang zu seinem kostbaren Material für einen größeren Kreis von Gelehrten geöffnet. Noch vorher hatte Wrede in einem „Ingwäonisch und Westgermanisch" betitelten Aufsatz dialektgeographische Beobachtungen für die Aufhellung sehr früher germanischer Dialektverhältnisse zu nutzen gesucht. Der von ihm selbst als „kühn" bezeichnete (24) und als Anregung für weitere Einzelforschung verstandene Aufsatz hat denn auch ungewöhnlich anregend gewirkt. War hier ein dialektgeographischer Schritt in sehr alte Zeiten gewagt worden, so geschah an anderer Stelle ein solcher über die Dialektgeographie hinaus in Nachbarwissenschaften. Eine „Kulturmorphologie" (Frings) meldete sich an, die die vergleichende Darstellung und Untersuchung von Kulturerscheinungen auf geographischer Grundlage erstrebte. (25) Im Verein mit dem Historiker Aubin und dem Volkskundler Josef Müller hatte dann Frings 1926 „Kulturströmungen und Kulturprovinzen in den Rheinlanden" behandelt. Das Werk zeigte weithin ein Zusammengehen sprachgeschichtlicher, geschichtlicher und volkskundlicher Bewegungen und Räume im Rheinland. Angeregt durch den Fringsschen Beitrag zu diesem Werk fragten dann auch andere Forscher für Nassau, Hessen, die Pfalz und das Saarland, also für einen erheblichen Teil von Westdeutschland, den dortigen Sprachbewegungen und ihren geschichtlichen Gründen nach.

Endlich hatte Frings mit seiner „Germania romana" (1932) die Brücke von der deutschen Dialektologie zur benachbarten Romania geschlagen. Mit wortgeographischen Mitteln hatte er darin die Heimat unserer Entlehnungen aus der Romania und ihre Wanderungen im deutschen Bereich erhellt. (26) Schließlich hatte K. Wagner in seinen „Deutschen Sprachlandschaften" 1927 Wichtiges zur Begriffsbestimmung der „Sprachlandschaft" beigetragen und zugleich aufgezeigt, daß es unter ihnen aktive und passive gebe. Zusammenfassend ist zu sagen: gegenüber dem schon im vorigen Kapitel gezeichneten Stand hatte die „Marburger Schule" und die ihr verwandte Forschung weitere entscheidende Fortschritte gemacht.

Doch nun ein Wort zu der Vorlesungstätigkeit, die ich im Sommer 1924 begann. Als ich kurz vorher die damals noch übliche Besuchstour bei den Kollegen machte, bekam ich zwei Mahnungen auf den Weg. Die eine lautete: „Machen Sie sich nicht zu viel Mühe mit den Kollegs. Das ist die Sünde der Privatdozenten." Die andere aber hieß: „Machen Sie Ihre Kollegs von Anfang an ordentlich, sonst wird nie etwas draus." Nun hatte ich das Aussuchen.

Natürlich war es mir unmöglich, neben der Wörterbucharbeit vierstündige Kollegs auszuarbeiten, übrigens Gebilde, für die wir Privatdozenten damals die unfreundliche Bezeichnung „Wurstfüllsel" hatten. Und, wenn ich auch die Zeit dafür gehabt hätte, so hätten sie doch Privatdozenten keinesfalls zugestanden. Ich beschränkte mich also in der Regel auf ein zweistündiges Kolleg zuzüglich einer zweistündigen Übung und war damit ausgelastet. Die Themen waren bis zu einem gewissen Grade von der Sache vorgezeichnet. Sie entstammten der historischen Grammatik und natürlich auch der Mundartforschung. Außerdem siedelte ich mich in einigen überschaubaren Bezirken der älteren Literaturgeschichte an, so in der altsächsischen Bibeldichtung, in der deutschen Mystik und im mittelalterlichen geistlichen Drama. Mit besonderer Vorliebe hielt ich Interpretationen, mit denen ich an die Quellen heranzuführen und Lust zu weiterer Quellenlektüre zu wecken suchte, so sehr gern über Walther v.d. Vogelweide und den Meier Helmbrecht. Wohl hatte die Begegnung mit der mächtig aufstrebenden Mundartforschung bewirkt, daß mein Hauptanteil und meine Hauptarbeit ihr galt. Doch daß ich von Haus aus „gelernte

Literarhistorikerin“ war, konnte und wollte ich deshalb nicht verleugnen. Auch zeigte sich manche fruchtbare Beziehung zwischen beiden Bereichen und das nicht nur bei meiner Habilitationsschrift, sondern auch sonst (27).

Gemäß der zweiten Mahnung bei meiner Besuchstour suchte ich Kollegs und Übungen „von Anfang an ordentlich“ zu machen. Und zwar nicht nur in bezug auf das Was, sondern auch auf das Wie. Immer wieder stellte ich mir daher die Frage, die ich „Wie sag ich's meinem Kinde?“ nannte. Das Ideal war natürlich, die Hörer in den Denkvorgang hineinzuziehen. Zu dem Zwecke scheute ich kein erlaubtes Mittel. So dachte ich nicht daran, die hermetische Grenze zwischen Kolleg und Übung stets zu beachten. Wenn ich im Kolleg bemerkte, daß Unklarheit im Raum schwebte, fragte ich ruhig in die Menge, ob etwas nicht verstanden sei und was. Unter Umständen mußte man die Sache dann noch einmal von einer anderen Seite aus angreifen. In meinen Übungen zur historischen Grammatik soll ich mitunter etwas „stramm“ gewesen sein; gelegentlich wurden sie von den Betroffenen als „Stahlbad“ bezeichnet. Aber mir war von Wrede auch nichts erspart worden, und ich erinnerte mich überdies an seinen Ausspruch: „Je eher sie das Handwerkliche beherrschen, um so eher kann man mit ihnen an die tieferen Fragen herangehen.“ Im übrigen verabreichte ich ihnen bei sich bietender Gelegenheit zur Erholung auch mal eine Prise Humor.

Alles in allem habe ich mit sehr viel Freude unterrichtet. Das, woran man selbst Freude hat, pflegt in der Regel auch zu gelingen. Und so merkte ich denn auch, daß die Hörer gut mitgingen. Ja, ich sah auch in den leidigen Prüfungen, die ja eine wichtige Selbstkontrolle darstellen, daß sie gut mitgekommen waren. Und schließlich haben mir viele von ihnen noch lange über die Studienzeit hinaus immer wieder Beweise einer großen Dankbarkeit gegeben. Als ich bei meiner Emeritierung das Unterrichten aufgab (1957), weil sich mein Herz damals sehr unangenehm bemerkbar machte, da ist mir das ein ausgesprochen schmerzlicher Abschied gewesen. – Im Zusammenhang mit den Kollegs waren auch zwei literarhistorische Aufsätze entstanden, so angeregt durch das Kolleg „Altsächsische Bibeldichtung“ einer zur altsächsischen Genesis und auf Grund des Kollegs über das mittelalterliche geistliche Drama einer über die „Kindelwiegenspiele". Mithin hatten sich die nicht kleinen Mühen der Kollegs auch nach dieser Seite hin ausgezahlt.

Durch meine Habilitation war ich nun in eine neue große Gemeinschaft eingetreten, in die der Kollegen. In erster Linie hatte ich es freilich nicht mit den sogenannten „Koniferen" zu tun, sondern mit den Nichtordinarien. Unter diesen gab es eine besondere Gruppe, den Club der Unzulänglichen, abgekürzt CdU, von uns meist einfach „die Unzulänglichen" genannt. Er hieß so, weil seine Mitglieder ein wenig von dem „ars longa, vita brevis" begriffen zu haben glaubten, demgegenüber jeder unzulänglich bleibt. Streber kamen für den Club nicht in Frage. Nachdem sie mich ein Weilchen beobachtet hatten, nahmen sie mich auf. Es war ein Kreis, dessen Glieder äußerlich zwar nur lose verbunden waren, dessen Haltung aber dennoch einen ganz bestimmten Zuschnitt zeigte. Wir trafen uns in Abständen zu Zusammenkünften, bei denen wir reihum Referate aus unseren Fachgebieten hielten und diese dann diskutierten. Dabei ging es recht lebhaft zu. Ich erinnere mich, daß wir einmal um 20 Uhr mit einem Referat über Lokalanästhesie anfingen und gegen Mitternacht bei der Frage nach der Unsterblichkeit der Seele endeten. Gern denke ich an diesen Kreis zurück. War er doch ein bescheidener, aber gelungener Versuch, etwas von der „Universitas" der Universität spürbar zu machen. Als wichtigste Mitglieder stehen mir noch vor Augen der Historiker Kähler, der Literarhistoriker Pongs, der Chirurg Wiedhopf, der Internist Eimer, der Jurist Gerber. Leider lag es in der Natur der Sache, daß der Kreis sich durch Berufungen seiner Glieder nach auswärts schließlich auflöste. Aber er hatte seinen Sinn gehabt.

Mit meiner Zugehörigkeit zum CdU hing es zusammen, daß ich für eine Weile als Vertreterin der Nichtordinarien in die engere Fakultät gewählt wurde, so bestimmt in der akademischen Jahren 28/29 und 30/31. Dazu gedrängt hatte ich mich nicht; aber da die „Unzulänglichen" meinten, ich könnte dort nützlich sein, mochte ich auch nicht ablehnen. So kam ich also doch noch in den Kreis der „Koniferen" und lernte die Vorzüge und die Mängel der Selbstverwaltung kennen. Irgendwelche Halbgöttlichkeit konnte ich in der Fakultät nicht entdecken; aber die zu erwarten, hatte ja eigentlich auch kein Grund vorgelegen. Gewiß waltete dort viel echte wissenschaftliche Sachlichkeit. Doch es menschelte auch nicht selten und dies besonders in der Form eines naiven Fachegoismus. Und wenn das übermäßige Theoretisieren auf praktische Probleme stieß, wie das ja bisweilen der Fall war, entstand nicht ganz selten eine leise Komik. Glücklicherweise konnte ich meine diesbezüglichen Gedanken mittels kleiner Zettelchen mit meinem Sitznachbarn austauschen, dem Prähistoriker Merhart von Bernegg. Allerdings sammelte ich diese Zettelchen nach der Sitzung sorgsam wieder ein; sie hätten zu Weiterungen führen können. Als Kuriosum sei vermeldet, daß der Dekan Alverdes, seines Zeichens Zoologe, als ich ihm meine Anerkennung für seine besonders geschickte Leitung der Fakultät bekundete, folgendes antwortete: dies komme wohl daher, daß sein Spezialgebiet das Gesellschaftsleben der Tiere sei. Als eine Gefahr für die Arbeit der Fakultät erschien mir, daß fast jedes ihrer Glieder in der Lage war, gefühlsbetonte Antriebe mit rationalen Gründen zu verbrämen, in vielen Fällen sicher bona fide. Daß die gefühlsbetonten Antriebe nicht stets Abstützung verdienten, bedarf hier keines Kommentars. Wer in dieser Weise abstützen kann, sollte besonders vorsichtig und selbstkritisch sein! Als ich aus der Fakultät wieder ausschied, hatte ich meine Kenntnis der Menschenseele, besonders der Kollegenseele erheblich bereichert. Zugleich hatte ich das Bewußtsein, mich um die Anliegen meiner „Auftraggeber“ nach besten Kräften bemüht zu haben.

Eine kollegiale Beziehung, die schließlich an Freundschaft grenzte, war die zu dem Romanisten Leo Spitzer, der 1925 nach Marburg kam. Da er für seine Familie nicht gleich eine Unterkunft fand, wohnte er – zunächst allein, dann mit Frau und Kind – in der Pension von Frau Link. So wurden wir Haus- und Tischgenossen. Freilich solche, die nach Tradition, nach Temperament und nach wissenschaftlichen Neigungen so verschieden wie möglich waren. Im wissenschaftlichen Gespräch trafen wir noch am ehesten zusammen. Sonst aber gab es nicht viel unter der Sonne, worüber wir nicht verschiedene Ansichten und ziemlich stürmische Diskussionen gehabt hätten. Freilich verband uns die Überzeugung, daß jeder seine (begründete!) Ansicht haben dürfe. Im Lauf der Zeit lernte ich an Spitzer vielerlei schätzen. Nicht nur seinen Einfallsreichtum und seinen unermüdlichen Fleiß, sondern auch die Sorgfalt seiner Vorbereitung. Geistreich, wie er war, hätte er ein Kolleg auch einmal „hinlegen" können. Daß er das niemals tat, sprach für sein wissenschaftliches Ethos. Die Schätzung, die so bei mir entstand, erwiderte Spitzer auch seinerseits mit Schätzung. Als er 1930 von Marburg nach Köln ging und vorher die, die ihm näher gestanden hatten, zu einem kleinen Essen einlud, konnte ich in meinem Abschiedswort feststellen, daß es Menschen gebe, die sich auseinanderliebten, und solche, die sich zusammenrauften. Unser Fall sei offenbar der letztere. Ich war froh, daß Spitzer noch rechtzeitig außer Landes gehen konnte. Nach 1945 habe ich mit ihm wieder korrespondiert. Ja, ich habe ihn sogar bei einem Vortrag in Marburg 1956 auch wiedergesehen. (s. S. 91) – Übrigens habe ich auch mit Spitzers Nachfolger Auerbach ausgesprochen gut gestanden. Es könnte sein, daß Spitzer mich den Auerbachs sozusagen weiterempfohlen hatte. Jedenfalls brachten sie mir von Anfang an Vertrauen entgegen. Doch, da diese Beziehung tief in die Nazizeit hineinreichte und von daher ihre besondere Farbe bekam, sei von ihr vorerst nicht die Rede. Eben das gilt auch von meiner Freundschaft mit unserem Pädiater, Professor Freudenberg, und mit seiner Frau.

Neben den neuen kollegialen Beziehungen bestanden natürlich die altererbten fort. Mutter und Geschwister blieben stets ein rocher de bronce. Ich berichtete meiner Mutter alles Wichtige, auch zur Weitergabe an die Geschwister, und wußte, daß sie meinen Lebensgang mit größtem Anteil verfolgte, wenn auch leider nicht ohne eine gewisse Besorgnis, weil er so ausgefallen war. Zu Weihnachten besuchte ich sie, wenn es irgend ging. Seit sie mit meiner älteren Schwester von Berlin nach Blankenburg am Harz gezogen war und seit auch meine verwitwete jüngere Schwester mit ihren Kindern sich dort niedergelassen hatte, bedeutete ein solcher Besuch dann gleich ein Treffen mit einem Trüppchen nächster Verwandter. Der Tod meiner Mutter im Jahr 1929 brach aus dieser Gemeinschaft die schwer zu verschmerzende Mitte heraus. Und doch hat uns das Andenken an sie schließlich in einer neuen und unverlierbaren Weise verbunden. Das zeigte sich, wenn ich nach 1929 die beiden Schwestern besuchte, wobei ich im Hause der jüngeren nun schon die nächste Generation vorfand.

In Marburg selbst hatte ich keine Verwandten. Aber ich besaß dort eine alte Freundin, die schon erwähnte Frau Link. Sie hatte im Leben Schweres erfahren, hatte den Mann durch Krankheit, den einzigen Sohn im ersten Weltkrieg verloren. Nun übte sie ihre mütterliche Fürsorge gegenüber ihren Gästen. Und jeder fühlte sich unter ihren Fittichen wohl, ob es sich um Prominente handelte wie z.B. um Ortega y Gasset, den sie vor meiner Zeit beherbergt hatte, oder um schlichte Zeitgenossen. Übrigens habe ich in ihrem Hause 1929 auch die ihr befreundete und sie daher besuchende Agnes Miegel kennengelernt, deren Weg ich dann noch mehrfach gekreuzt habe. Als ich nach Jahren aus verschiedenen Gründen in eine eigene Wohnung ziehen mußte, blieb ich immer noch ständiger Tischgast des Hauses. Da Frau Link aus christlicher Gesinnung heraus den Nationalsozialismus ablehnte, konnte uns auch das Jahr 1933 nicht trennen.

Und noch von anderer Seite wurde ich gestützt. Mein einstiger Anlernling, Emmi Mertes, von der ich schon sprach, hatte 1920 bei Wrede eine ausgezeichnete Dissertation geschrieben, hatte auch das Staatsexamen gemacht. Auch für sie wäre, wie ich weiß, eine Habilitation bei Wrede möglich gewesen. Doch anders als ich fühlte sie sich zum Schuldienst berufen. Daß sie damit recht hatte, zeigt die große Dankbarkeit, die ihr ihre Schülerinnen noch über den Tod hinaus bewahrt haben. Sie unterrichtete zeitweilig in Marburg, auch in Kaiserswerth, hauptsächlich und endgültig aber in Kassel, wo sie 1928 Studienrätin wurde. In den Marburger Jahren war zwischen uns eine fest begründete Freundschaft entstanden, der dann auch die Entfernung Marburg/Kassel nichts mehr anhaben konnte. Denn die ließ sich fast stets mit Wochenendfahrten überbrücken. Dazu kamen gemeinsame Reisen, die bei entsprechenden Voraussetzungen ja sehr stark binden können.

Am besten trifft die Wesensart von Emmi Mertes ein Zweizeiler von Goethe, der auch ihre starke pädagogische Wirkung erklärt:

"Lieb' und Leidenschaft können verfliegen,
Wohlwollen aber wird ewig siegen."

Von diesem Wohlwollen nahm man auch Kritik willig entgegen. Da für Emmi Mertes die Ideologie des Nationalsozialismus unannehmbar war, überstand auch diese Freundschaft die Machtergreifung und ihre Folgen.

Mit meiner Habilitation war ich in so etwas wie eine Laufbahn eingetreten. Daß Wrede mich gleich anfangs vor Illusionen gewarnt hatte, wurde schon berührt. Und doch bot sich im Laufe der Berichtszeit einmal für mich eine Möglichkeit, meines Wissens in den späten zwanziger Jahren. Dank dem Fakultätsgeheimnis drang zu Wrede und schließlich auch zu mir, daß man in Leipzig „ernstlich erwogen" habe, mich auf einen außerordentlichen Lehrstuhl zu berufen. In einem Brief von Frings an Ludwig Wolff, den ich einsehen durfte, fand ich diese Tatsache viele Jahre später, nämlich 1946, noch einmal erwähnt. Doch es blieb bei den ernstlichen Erwägungen, ein Umstand, der Wrede mehr verdroß als mich, wenn er natürlich auch mich nicht erfreut hat. Aber es war wohl einfach noch zu früh in der Entwicklung, die in diesen Bereichen ja nicht stürmisch zu verlaufen pflegt! Später ist mir klar geworden, daß mir mit Leipzig wahrscheinlich viel, wenn nicht sogar sehr viel erspart worden ist. Denn bei der Ablehnung des Nationalsozialismus, die ich auch in Leipzig entwickelt haben dürfte, würde ich als dortige Lehrstuhlinhaberin wohl sehr unliebsam aufgefallen sein. Als schlichte apl. Professorin in Marburg stand ich weniger hell im Rampenlicht. Übrigens wäre mir auch der Abschied von der Wörterbucharbeit und von Wrede und seinem Kreis schon recht schwer gefallen. Auch von der schönen Stadt und den Wäldern ringsum hätte ich mich nicht mehr leicht getrennt. Doch all das konnten die Leipziger freilich nicht voraussehen und wissen.

In Marburg selbst tat man dagegen für mich, was man tun konnte und beantragte meine Ernennung zur außerplanmäßigen Professorin. Ich erreichte diesen Titel ohne Mittel 1930, rund ein Jahr nach dem Tode meiner Mutter, deren Besorgnisse er vielleicht zerstreut hätte. Selbstverständlich habe ich die Anerkennung meiner Arbeit stärkend empfunden. Doch machte ich mir gleichzeitig klar, daß die damit bekundete Berufungsreife in meinem Fall ziemlich platonisch war, wie sich in Leipzig gezeigt hatte. Mit 1933 sanken dann meine Chancen noch etwas tiefer.

Zu Wredes 70. Geburtstag (1933) hatten wir, d.h. der Kreis seiner engsten Mitarbeiter, ihm eine kleine Festschrift überreicht, die ihn sehr erfreut hat (28). Stammten die vier Beiträge auch alle aus seinem „Hause", so durften wir sie dennoch mit Recht „eine Art Ganzes“ nennen. Als ein solches hat er sie auch aufgefaßt. Doch schon sieben Monate später, am 19.2.34, raffte ein Schlaganfall ihn hin. An seinem Sarge sprach Professor Hans von Soden über das Wort „Der Herr läßt es dem Aufrichtigen gelingen“ (Sprüche Salomo 2,7). – Ich wußte wohl, was ich mit ihm verloren hatte: einen Lehrer, dem ich kraftvolle geistige Förderung verdankte, einen Mentor, der mich in eine verantwortungsvolle Aufgabe eingeführt und sie mir schließlich anvertraut hatte, und zuletzt, doch nicht zum wenigsten, einen väterlichen Freund.

Aber Leben und Arbeit gehen weiter. Mit der Übernahme der Wörterbuchleitung durch mich war die Deutsche Kommission der Akademie einverstanden. Sie hätte vielleicht auch dann keine Einwände erhoben, wenn ich nicht bei einem Berlinbesuch Professor Hübner vorsorglich mitgeteilt hätte, daß nach Wredes Tod nunmehr ich in Sachen des Wörterbuchs die Kundigste sei und daß ich mich daher keinem anderen unterzuordnen gedächte. Sofort nach Übernahme der Leitung verzichtete ich auf das Honorar, das ich bisher für meine Wörterbucharbeit erhalten hatte und das zum Schluß 215, – RM je Monat betrug. Für die Leiterin paßte nach meinem Empfinden kein Honorar aus den von ihr verwalteten Mitteln. Doch glaube ich mich bestimmt zu erinnern, daß dafür die Fakultät meinen Lehrauftrag erhöhte und daß ich also keinen Ausfall hatte. Daß besagter Lehrauftrag dann immer noch bescheiden war, wird sich in einem späteren Zusammenhang zeigen.

Die äußere Verbindung von Wörterbuch und Sprachatlas hatte sich schon 1933 gelöst. Damals zog Mitzka, der nach Wredes Emeritierung Sprachatlasdirektor geworden war, mit seinem Institut in die Universitätsstraße 31. 1934 verließ auch das Wörterbuch die einstige gemeinsame Arbeitsstätte. Es erhielt in meiner Privatwohnung, die ich entsprechend größer gewählt hatte, zwei Räume, für die es den entsprechenden Mietanteil zahlte. Mitzka und ich stimmten in dem Willen überein, daß trotz der äußeren Trennung die innere Bindung nicht abreißen dürfe. Sie ist dann auch nicht abgerissen, sondern hat sich immer neu bewährt zum Nutzen beider Institute.

Die Übernahme der Wörterbuchleitung brachte für mich in erster Linie mit sich, daß ich nun auch den Außendienst übernehmen mußte, vor allem Beschaffung und Verteilung der Geldmittel, wobei die Beschaffung oft schwierig war. – Von unserem Druckwerk waren nun schon sechs Lieferungen erschienen, während die siebente bei Wredes Tod vor dem Ausdruck stand. Die wissenschaftliche Kritik hatte sie sehr gut aufgenommen. Die seinerzeit von Hübner gegen das Einarbeiten der Wortkarten geäußerten Bedenken wurden von sonst niemand geteilt. Vielmehr war geradezu die „Fruchtbarkeit dieser Betrachtungsweise“ (29) betont worden. Ja, diese hatte auch schon Nachfolge gefunden. Zwei große Mundartwörterbücher, das Mecklenburgische und das Preußische, die nun auch Wortkarten brachten, haben ihr Erscheinen allerdings erst nach 1934 begonnen. Ein Wörterbuch aber war noch innerhalb der Berichtszeit nachgefolgt. nämlich das Rheinische. Ab 1932 gab es in den laufenden Druck hinein gleichfalls Wortkarten. Das heißt, es begann damit bei seinem 3. Band; die Karten für Band 1 und 2 sollten bei späteren Stichwörtern nachgeholt werden. Im Blick auf das einst mit dieser Neuerung eingegangene Wagnis war das eine erfreuliche Bestätigung. Auch sonst war Erfreuliches zu verzeichnen. Vor allem entstand hier wie bei den Parallelwerken anderer Landschaften nicht aus zehn Büchern das elfte. Vielmehr war ein Urmaterial von überquellendem Reichtum zu formen, natürlich mit philologischer Methode und mit dem Vergleichsblick auf die Parallelwerke. Sodann erwies sich die gegenseitige Erhellung der Befunde, von der ich schon gesprochen habe, als ein fortschreitender Prozeß, der je länger, je mehr Gewinn abwarf. Schließlich führte ein Werk dieser Art nicht nur zu philologischen Ergebnissen im engeren Sinn. Es schuf auch die Voraussetzungen dafür, daß man von einem „Weltbild der Mundart“ sprechen und ihren „geistig-seelischen Gehalt“ erkunden kann. Nach all diesen Richtungen trug die Arbeit, die bis zu Wredes Tod gut vorangekommen war, nun ihre Früchte.

Der politische Hintergrund, vor dem sich all das abspielte, war gegenüber dem der Jahre bis 1923 in manchem ruhiger geworden. Die Rechts- und Linksputsche hatten aufgehört. Auch die außenpolitische Lage hatte sich gebessert. Deutschland war 1926 in den Völkerbund eingetreten. Stresemanns Wirken hatte sich günstig ausgezahlt. Von der Deutschen Volkspartei aus, der ich ja angehörte, verfolgte ich das mit besonderem Interesse. Doch unter- oder überschwellig war inzwischen jene Bewegung fortgeschritten, die mit dem Putsch von 1923 noch gescheitert war, am 30.1.33 aber ihr Ziel, die Machtergreifung, erreichte. Daß sie nicht monokausal erklärt werden kann, ist heute anerkannt. Indes ist es nicht meines Amtes, hier ihre verschiedenen Wurzeln bloßzulegen. In jedem Fall stand infolge dieser Entwicklung, die ich von Grund auf ablehnte, das letzte Jahr der Berichtszeit, also das Jahr 33/34, für mich bereits unter sehr veränderten Vorzeichen. Doch möchte ich davon in geschlossenem Zusammenhang berichten.

Auch Wrede wollte von dem Neuen nichts wissen und ließ seinen Lebensstil von daher nicht im geringsten beieinflussen. Er las weiter „seine" Zeitung, die zu dem Regime denkbar schlecht paßte. Er besuchte weiter seiner jüdischen Freund und Kollegen Jacobsthal. U.a.m. Selbst den Freitod seines (interimistischen) Nachfolgers Jacobsohn im April 1933 hat er m.E. als tragischen Einzelfall angesehen. Mußte doch tatsächlich die Judenpolitik des Dritten Reichs in den Anfängen noch Vorsicht beobachten (s. S. 48). Alles in allem schien es mir, als halte er das Neue für einen Spuk, der über Nacht auch wieder verschwinden könnte. Sein Tod schon im Februar 1934 hätte ihm dann die Erkenntnis erspart, daß es doch recht anders lag.

5. Ein Weg durch die Nacht (1933–1945)

Schon die Überschrift, die an ein Wort von Gertrud von le Fort anknüpft, zeigt, daß in diesem Zeitabschnitt gegenüber dem amtlichen oder privaten Arbeitsdasein das Politische überwog. Denn dieses Arbeitsdasein war nicht dunkel, sondern oft geradezu tröstlich. Um so dunkler war der andere Bereich.

Wie ich schon bemerkte, ist es nicht meines Amtes, die Wurzeln des Nationalsozialismus bloßzulegen. Doch muß ich begründen, warum ich ihn, wie ich auch schon sagte, von Grund aus ablehnte. Dazu hatte sehr viel beigetragen. Natürlich auch die Beobachtungen, die man an der mehr als ordinären Propaganda der Bewegung machen konnte. Aber weit wichtiger war, daß ich „Mein Kampf" gelesen (30) und durch diese „Bibel des Nationalsozialismus" die nötigen Einblicke in Hitlers Strategie gewonnen hatte. Die wichtigsten Erkenntnisse über sie lasse ich nun folgen.

1.) An die Stelle des Germanenzuges nach Süden und Westen habe der nach Osten zu treten, genauer gesagt der nach Rußland (M. K. 742). Dank dem Bolschewismus, hinter dem das Judentum stecke (M. K. 751), sei jenes „Riesenreich im Osten reif zum Zusammenbruch" (M. K. 743). Freilich konnte der Lebensraum dort nur durch Krieg gewonnen werden. Oder wer sollte ihn uns schenken?

2.) Von monomanem Haß gegen die Juden, den Weltfeind Nr. 1 (M. K. 724; s. auch 628), ist das Buch so durchzogen, daß sich das Ausheben einzelner Stellen erübrigt. Doch ist im Zusammenhang mit Punkt 1 dies wichtig: Die Gewinnung neuen Lebensraums im Osten bedeutete zugleich einen furchtbaren Schlag gegen das europäische Judentum, dessen Mutterboden ja dort lag (Hofer 268) (30).

3.) Die Vorstellung von Deutschtum, die einem immer wieder entgegentrat, war so kitschig, daß ich sie am besten mit den Worten kennzeichne, die Ricarda Huch am 24.3.33 angewandt hat, und zwar in einem Brief, mit dem sie ihren Austritt aus der Akademie der Künste erklärte. „Was die jetzige Regierung als nationale

Gesinnung vorschreibt, ist nicht mein Deutschtum. Die Zentralisierung, den Zwang, die brutalen Methoden, die Diffamierung Andersdenkender, das prahlerische Selbstlob halte ich für undeutsch und unheilvoll." (31)

4.) Hitler kannte nur „Masse", nicht aber „Volk". Das zeigt in klassischer Weise das Propagandakapitel, d.h. Kap. 6 von Buch II. Eine am Vormittag um 10 Uhr von Hitler abgehaltene Versammlung war ein völliger Mißerfolg geworden, weil „die Zeit selbst hier eine bestimmte Wirkung ausübt" (M. K. 531) und in diesem Fall ungünstig gewirkt hatte. Morgens und selbst tagsüber sträube sich der menschliche Wille noch gegen die Aufzwingung eines fremden Willens (M. K. 531). Anders abends. An ihm könne es der überragenden Redekunst einer „Apostelnatur" leichter gelingen, solche Menschen „dem neuen Willen zu gewinnen, die selbst bereits eine Schwächung ihrer Widerstandskraft in natürlichster Weise erfahren haben, als solche, die noch im Vollbesitz ihrer geistigen und willensmäßigen Spannkraft sind" (M. K. 532). Man lese das ganze Kapitel und wird finden, daß die Praktiken einer bedenkenlosen Demagogie selten mit so zynischer Offenheit auf den Tisch gelegt worden sind wie hier. Weil Hitler nur „Masse" kannte, konnte er ja auch nicht wirklich lieben; denn die „Masse" kann man nicht lieben. Sie war ihm nur das rücksichtslos mißbrauchte Reittier, das ihn zum Erfolg tragen sollte. Und als die Deutschen schließlich zusammenbrachen, da waren sie eben seiner, des Führers, nicht würdig gewesen (Hofer S. 264).

5.) Wie er die Menschen insgesamt verachtete, so noch besonders den weiblichen Teil der Menschheit. Er engte die Frauen fast völlig auf ihren biologischen Zweck ein. „Das deutsche Mädchen ist Staatsangehörige und wird mit ihrer Verheiratung erst Bürgerin" (M. K. 491). „Auch die Ehe kann nicht Selbstzweck sein, sondern muß dem einen größeren Ziel der Vermehrung und Erhaltung der Art und Rasse dienen. Nur das ist ihr Sinn und ihre Aufgabe" (M. K. 275 f.). Sein Menschheitsideal sieht der völkische Staat „in der trotzigen Verkörperung männlicher Kraft und in Weibern, die wieder Männer zur Welt zu bringen vermögen" (M. K. 455). Wen nach mehr als dieser Blütenlese verlangt, den kann ich auf den Zeitungsartikel hinweisen, den ich unter dem Titel

„Frau und Nationalsozialismus“ im Hessischen Tageblatt, Marburg, erscheinen ließ, und zwar am Vorabend der zweiten Reichspräsidentenwahl, dem 9. 4. 32.

6.) Unklar war die Stellung der Partei zum Christentum. Punkt 24 ihres Programms hatte sich zu ihm ziemlich doppelbödig geäußert. Wie Hitler wirklich dachte, zeigte Jahre später eine von Rauschning berichtete Äußerung Hitlers: „Man ist entweder Christ oder Deutscher. Beides kann man nicht sein.“ (Hofer 121) Doch auch schon 1933 konnte man merken, wohin die Reise ging. Forderten doch damals schon die Deutschen Christen die Einführung des Arierparagraphen in der Kirche, d. h. Ausschluß der judenstämmigen Christen vom Amt des Pfarrers und die Zusammenfassung dieser Christen in Sondergemeinden. Am Widerspruch gegen die Deutschen Christen entzündete sich bald in der evangelischen Kirche der Kirchenkampf, von dem noch zu sprechen sein wird. Was das Verhältnis Nationalsozialismus/Christentum betraf, so hatte ich übrigens am Kollegen Heiler einen besonders kundigen Experten zur Seite.

Dies waren die Hauptpunkte des Nationalsozialismus, über die ich mir aus den Quellen die nötige Klarheit verschafft hatte. – Ich sah freilich auch etwas anderes klar, daß nämlich das deutsche Volk krank war. Die Niederlage von 1918 und die z. T. ehrenrührigen Bedingungen des Versailler Vertrags samt den daraus begründeten Reparationen hatten schwere Komplexe erzeugt. Zu ihnen traten nun noch weitere Komplexe, die durch die Wirtschaftskrise verursacht wurden und in ihrer Wichtigkeit kaum zu überschätzen sind. Ferner hatte die Judenemanzipation neben glänzenden Einzelergebnissen auch ihre ungünstigen Seiten gehabt. Ein jüdischer Historiker sagt dazu dies: „Sie (die Juden) haben mit der Empfindlichkeit Unterdrückter wie mit der Maßlosigkeit Befreiter selten sich ungezwungen verhalten und dann manche Fehler begangen, die man ihnen meist nicht verzieh“ (H. G. Adler, Die Juden in Deutschland, 1960, S. 162). Freilich gilt auch dies: „Man hat sich zu oft über die Juden geärgert, statt sich ein wenig mehr Mühe mit ihnen zu geben“ (a. a. O. S. 163). Zuletzt doch nicht zum wenigsten ist der Abneigung der Deutschen gegen politische Mitarbeit, ja gegen Politik überhaupt zu gedenken. Die Entstehung dieses bedrohlichen Symptoms ist eine Aufgabe, der die Historiker so gründlich wie möglich nachgehen sollten. Jedenfalls bestand es und führte zu einer ungewöhnlich großen Anfälligkeit der Deutschen für politische Phrasen und Schlagworte. (32)

An das Krankenbett des Volkes trat nun nicht etwa der Arzt, sondern ein Kurpfuscher von welthistorischem Ausmaß. Anders gesagt: die angebotene Hilfe war schlimmer als die Krankheit. Ich möchte dieses medizinische Bild nicht so verstanden wissen, daß ich damit die persönliche Verantwortung ausschlösse. Auch möchte ich nicht dahin mißverstanden werden, als hätte ich in Hitler einen dämonischen Verführer gesehen, dem gegenüber Widerstand unmöglich war. So billig geht es nicht! Es war eine jener historischen Situationen, von denen J. Burckhardt in seinen „Weltgeschichtlichen Betrachtungen“ schreibt: „Zeit und Mensch treten in eine große, geheimnisvolle Verrechnung.“ (33) Dies die Gedanken, die ich mir großenteils schon vor 33 gemacht hatte und durch das Jahr 33 nur fortentwickelt sah.

Doch es kam noch etwas hinzu. Im August 1933 war ich für einige Tage nach Amsterdam gefahren. Ich fuhr unter irgendeinem wissenschaftlichen Vorwand, in Wahrheit aber, weil ich diese Sache von außen sehen mußte. Das geschah aus einem Drang, den ich im Rückblick rätselhaft finde, aber heute noch gut heiße. In Holland stieß ich auf viel Mißtrauen, sobald ich als Deutsche erkannt wurde. Und ich hatte zwei Erlebnisse, die sich mir tief einprägten. Am Eingang zur Amsterdamer Judenstadt hatte jemand angeschrieben „Gegen Hitlerdeutschland hilft nur der vollständige (de volledige) Boykott", und über den Bahnhofsplatz von Amsterdam stand mit Kreide geschrieben „Faschisme is oorlog", das heißt „Faschismus ist Krieg“. Mit diesen beiden Erkenntnissen kam ich zurück. Es würde Krieg geben und wir würden schließlich von allen boykottiert werden.

Ich habe die beiden Inschriften nie wieder vergessen, sah sie vielmehr immer wieder wie ein Menetekel an der Wand erscheinen. Nur einmal wurde die Schrift blasser, aber nur sehr vorübergehend. Es ist bekannt, daß Hitler nach der Machtergreifung eine Weile leiser trat, so in der Judenfrage, in der Außenpolitik u.s.w.

(vgl. S. 44), und daß daraufhin manche an einen halbwegs vernünftig gewordenen Hitler glaubten. Die, die das taten, nahmen seine Taktik ernst und nicht als bloße Taktik. Wer indes wie ich die Strategie kannte, konnte nur ganz vorübergehend hoffen, daß sich etwas geändert habe. Dann aber mußte ihm sehr rasch klar werden, daß es bloß eine durch die Verhältnisse erzwungene Taktik war, mit der die Strategie nur um so sicherer durchgesetzt werden sollte.

Freilich stand neben jenen Abmilderungen aus Taktik auch manches wirklich Positive. Ich denke an die Beseitigung der Arbeitslosigkeit, an Einrichtungen wie den Arbeitsdienst und an manches andere. Wie gerne hätte man hier vorbehaltlos zugestimmt! Und doch war auch dabei ein Haken, einer, den ich wohl spürte, aber nicht so klar kennzeichnen konnte, wie das später Meinecke getan hat: „Hinter jeder an sich lobenswerten Einrichtung des Dritten Reiches stand ein Wille zur Macht von einer Beschaffenheit – gigantisch im Ausmaß und seelenlos im Inhalt -, wie er etwa noch bei den Jakobinern von 1793 und den erobernden Mongolenfürsten des Mittelalters zu finden wäre“ (Die deutsche Katastrophe, 5. Auflage, S. 112).

Leider war die immer wieder zu nennende Strategie viel zu wenig bekannt. Die allermeisten haben „Mein Kampf", in dem sie deutlich genug entwickelt war, nicht oder nur in Bruchstücken gelesen. (34) Es ist ein reines Verhängnis, daß dieses Buch durch sein unmögliches Deutsch und seinen halbgebildeten Wust die Menschen vom Lesen abschreckte, und daß sie nach Tests, die ich später bei Studenten gemacht habe, höchstens 50-100 Seiten lasen. Das furchtbare Propaganda-Kapitel aber steht leider erst auf S. 518 ff.! Darauf, daß in diesem schrecklichen Wust dennoch die ganze Brisanz von Hitlers Strategie steckte, konnte der Durchschnittsleser so leicht nicht kommen. Meine Kollegen freilich hätten dies Gebilde denn doch lesen und daraus das Nötige folgern müssen. Bei mir aber war zu den schon erwähnten Grunderkenntnissen noch der Einblick in das Verhältnis Taktik/Strategie gekommen.

Doch nun zu meinem Lebenskreis, der Universität. Natürlich kann ich darüber nur aus meinen Beobachtungen heraus urteilen, die für die Verwaltung z. B. sehr wenig hergaben. Hatte ich doch mit ihr auch nur sehr wenig zu tun. Daß die Universität ihre Autonomie verlor und das Führerprinzip einführen mußte, wußte ich freilich. Der erste nach der Machtergreifung eingesetzte Rektor war der Physiologe Baur, der schon 1936 starb. Die weiteren Rektoren erwähne ich hier nicht.

Im Unterricht erfuhr ich persönlich keine Beschränkung. Das Gotische, Althochdeutsche und Mittelhochdeutsche gehörte nicht zu den gleichzuschaltenden Fächern. In meinen literarhistorischen Kollegs änderte sich freilich etwas. So gab ich das Mystik-Kolleg für die Dauer des Dritten Reiches auf. Durch die Art, wie Rosenberg in seinem „Mythus" Meister Eckhart emporgegötzt hatte, war mir der Gegenstand erst einmal verleidet. Dagegen las ich das Kolleg über das geistliche Drama des Mittelalters nun besonders gern. Erfuhr man doch in ihm etwas von der Existenz eines christlichen Mittelalters.

Bei dem Lehrkörper, dem ich mich nun zuwende, machten sich bald die Folgen der Machtergreifung bemerkbar. Den tragischen Freitod des Kollegen Jacobsohn habe ich schon erwähnt. Das Frühjahr 1933 machte auch der Lehrtätigkeit eines arischen Kollegen ein Ende, nämlich der des Nationalökonomen Roepke. Zum Verhängnis wurde ihm die Grabrede, die er am 27.2. seinem Lehrer Troeltsch gehalten hatte. Er nannte ihn darin eine Gärtnernatur im weitesten Sinne des Wortes und fügte dann den selbstmörderischen Satz hinzu, als solche habe er wohl nicht recht in die Gegenwart gepaßt, die sich anschicke, den Garten der Kultur in den Urwald zurückzuverwandeln. Ich habe diese Rede mit Freude gehört und zugleich mit Schreck. Mit Schreck, denn das mußte Folgen haben. Tatsächlich kam es denn auch bald zur Zwangsbeurlaubung von Röpke (35). Er quittierte das schließlich damit, daß er Deutschland für immer verließ und vor 46 nicht wieder betrat. Daß er, der ab 1937 in Genf wirkte, zu den führenden Nationalökonomen gehörte, ist bekannt. – Das Jahr 1934 brachte eine zweite Welle von Maßnahmen gegen den Lehrkörper. Jetzt rächte es sich, daß die Theologische Fakultät im Herbst 33 das sogenannte Ariergutachten herausgebracht hatte, das ich noch kennzeichnen werde. Mit ihm hatte sie sich den Zorn der Machthaber zugezogen. Das wirkte sich dann an den Kollegen Heiler, Hermelink und v.

Soden aus. Gegen Heiler wurde 34 Strafversetzung nach Greifswald verfügt (36). Es gelang aber schließlich, das in eine Strafversetzung in die Marburger Philosophische Fakultät umzuwandeln, aus der Heiler erst 46 in seine alte Fakultät zurückgekehrt ist. Große Schwierigkeiten bis hin zur zeitweiligen Amtsentsetzung hatte 1934 auch der Hauptverfasser des Ariergutachtens, H. v. Soden (37). Sie konnten nur mit großer Mühe behoben werden. Im Folgejahr, 1935, wurde dann Hermelink aus dem Lehramt entfernt. Er bekam gleichzeitig die Auflage, Marburg zu verlassen (38). Dies alles die Folgen des Ariergutachtens.

Ansonst stand das Jahr 35 allerdings im Zeichen der gegen die jüdischen Hochschullehrer anrollenden Welle. Im Oktober wurde neben anderen Privatdozenten auch Löwith (Philosoph) die Lehrbefugnis entzogen. Am Jahresschluß aber wurden auf Grund des Reichsbürgergesetzes die Professoren Erich Auerbach (Romanist), Frank (Philosoph) und Jacobsthal (Archäologe) in den Ruhestand versetzt. Wegen nichtarischer Verheiratung folgten endlich noch 1937 der Pädiater Freudenberg und 1938 der Privatdozent Klein. In jedem Fall zeigt diese Liste, die kaum vollständig sein dürfte, welchen Aderlaß die Universität erlitt, zumal verschiedene der Genannten zu den hervorragenden Vertretern ihres Faches schon gehörten oder doch später solche wurden. In den USA, in England, in der Schweiz, vorübergehend auch in der Türkei fanden sie eine neue Wirkungsstätte. Mehrere von ihnen hat man, wie ich weiß, nach 45 für Marburg zurückzugewinnen versucht, doch – abgesehen von einem Fall – vergeblich. Durch die Ernennung Jacobsthals zum Ehrensenator und durch die Ehrenpromotion von Freudenberg hat man später etwas von dem geschehenen Unrecht auszugleichen gesucht.

In der Studentenschaft zeigte sich das Neue teils als vorübergehendes Ereignis, teils als Dauererscheinung. Ein vorübergehendes Ereignis war die auch bei uns auf höheren Befehl stattfindende Bücherverbrennung (39). Als Kuriosum erwähne ich, daß mir ein Student bald nach ihr ein dem Holzstoß entrissenes, angekohltes Buch zeigte. Er wolle es nun doch einmal lesen. So genau wußte er über den Grund der Verbrennung Bescheid. Eine Dauererscheinung, die mit dem Neuen zusammenhing, war die Errichtung einer studentischen SA, in der die Studenten Dienst zu tun hatten, besonders natürlich am Sonntag. Wie gern sie den leisteten, brauch ich nicht zu beschreiben. Welche gesundheitlichen Schäden manche von ihnen durch diese sonntägliche Beanspruchung bei sinkender Ernährung davongetragen haben, das brauche ich auch nicht auszuführen. Aber auf etwas mehr oder weniger Verschleiß an Gesundheit kam es ja nicht an!

Der Ausschluß der jüdischen Kollegen, die Bücherverbrennung, die studentische SA, all das sind grobe Tatsachen. Wie aber war nun das Gesamtbild, wie die Atmosphäre? Bei einer so komplexen Größe wie einer Universität, bei dem noch immer nicht geringen Eigenleben der Fakultäten, im Blick darauf, daß die Dinge ja im Fluß waren, kann ich da nur mit Vorbehalt etwas sagen und auch das in erster Linie nur von meiner Fakultät und der ihr sehr nahe stehenden Theologischen. Eigentlich „wilde" Nazis, denen man Denunziationen zutraute, waren spärlich vorhanden. Man kannte sie und schätzte sie nicht. Natürlich gab es auch Überzeugte, die persönlich fair waren. Die Hauptmasse bildeten meines Erachtens solche, die „mitliefen", wenn auch oft mit Bedrücktheit. Schließlich waren auch Antihaltungen vorhanden. Den jüdischen Kollegen zwar war gegen die brutale Gesetzgebung nicht zu helfen, außer vielleicht durch diskrete Empfehlungen nach dem Ausland. Aber gegen die Entlassung Freudenbergs hat die Medizinische Fakultät offiziell beim Reichserziehungsministerium interveniert, wenn auch leider vergeblich. (40) Und den Privatdozenten Klein erleichterte eine private Hilfsaktion aus dem Kollegenkreis seine Geldnöte, bis er nach Schweden ausweichen konnte. Daß bei Heiler und Soden erfolgreich Hilfe versucht wurde, habe ich schon erwähnt. Eine ausgesprochene Antihaltung nahm endlich die Theologische Fakultät mit dem nun näher zu kennzeichnenden Ariergutachten ein. Gegenüber den bereits erwähnten Forderungen der Deutschen Christen (S. 46) sagte dies Gutachten mit größter Klarheit folgendes. Die Kirche würde aufhören, wirklich Kirche, d. h. Gemeinschaft der an Christus Glaubenden, zu sein, wenn sie irgendein anderes Merkmal als den Glauben in ihrer Gemeinschaft Unterschiede begründen ließe. Hinzugefügt war, daß wie anderwärts so auch in Deutschland judenstämmige Christen bis in die jüngste Zeit gesegneten Dienst an der Gemeinde geleistet hätten. So dies Gutachten, von dessen Folgen ich ja sprach. Die Theologische Fakultät hat diese Haltung auch in der Folgezeit beibehalten. Es lag durchaus auf ihrer Linie, daß 1938 Theologiestudenten aus der brennenden Synagoge die Thorarollen geborgen haben. In geeigneter Weise versteckt konnten sie nach 45 der jüdischen Gemeinde zurückgegeben werden. Zu erwähnen ist ferner die beifällige Aufnahme der Papen-Rede vom 17.6.34 durch die zur Feier des Universitätsgründungstages Versammelten. Was immer die erst später geklärten Hintergründe der Rede waren, jenes Gremium hörte ihre Kritik und nahm sie gern an. Im Vorgriff auf das nächste Kapitel ist schließlich noch zu sagen, daß nach 1945 relativ rasch ein Team von solchen Dozenten aufgestellt werden konnte, die die Amerikaner als unbelastet und zur Weiterarbeit geeignet ansahen und die das auch fast ausnahmslos waren (s. S. 64).

Doch ich kehre zu meinen eigenen Geschicken zurück. Mit meinem Fach war ich, wie ich schon sagte, nicht gefährdet. Meine Stellung als nichtbeamtete Extraordinaria war sehr bescheiden. Die mühsame Arbeit am Wörterbuch neidete mir niemand. Und trotz seiner nahen Beziehung zum Universitätsunterricht war das Wörterbuch ja ein Unternehmen der Preußischen Akademie der Wissenschaften und mit der Universität bis zum Wintersemester 38/39 formell gar nicht verbunden, danach aber auch nur lose. So war ich in einer gewissen Schutzstellung. Gleichwohl traten zweimal Dinge an mich heran, die durchaus gefährlich hätten werden können. Im Jahre 1937 wurde ich aufgefordert, im Reichsseminar für Kindergärtnerinnen im Steinatal (Schwalm) Volkskunde zu lehren, da ich im Nebenamt auch Volkskundlerin bin. Hätte ich das angenommen, so wäre ich bestimmt nach kurzer Zeit gefragt worden: „Sie sind noch nicht in der Partei? Aber bitte!“. Infolgedessen sagte ich mit einem glaubhaften Vorwand ab. Die zweite Klippe war gefährlicher. Nach Wredes Tod, d. h. im Frühjahr 1934, hatte ich mich an die Deutsche Kommission der Berliner Akademie gewandt mit der Bitte, die Sachmittel des Wörterbuchs zu erhöhen. Und zwar schrieb ich an das sehr prominente und mir geneigte Mitglied dieser Kommission Professor Heymann. Er bat daraufhin um einen Besuch bei ihm. Nachdem er mir zunächst mehr Sachmittel zugesagt hatte, fragte er plötzlich „Was bekommen Sie denn eigentlich persönlich?“. Ich sagte, daß ich auf einem ziemlich bescheidenen Lehrauftrag stünde. Er antwortete: „Ich habe mir schon gedacht, daß Sie nichts Vernünftiges kriegen. Daher habe ich Sie für morgen im Ministerium bei Ministerialdirektor Achelis angemeldet.“ Deshalb hatte er mich also nach Berlin zitiert! Die Sache verschlug mir so ziemlich den Atem. Was sollte ich mit meiner Gesinnung in dem Naziministerium? Doch es blieb mir nichts übrig, als für Heymanns Interesse zu danken und zu Achelis zu gehen. In ihm fand ich einen Beamten der alten Art, mit dem sich gut sprechen ließ. Achelis sagte: „Geheimrat Heymann hat mit mir über Sie gesprochen. Es ist nicht nötig, daß der wissenschaftliche Idealismus ausgenutzt wird. Ich kann zweierlei für Sie tun. Entweder erhöhe ich Ihren Lehrauftrag, so daß er Ihrer verantwortlichen Stellung einigermaßen entspricht. Das kann ich von mir aus tun, und zwar ziemlich rasch. Oder wir errichten in Marburg für Sie einen außerordentlichen Lehrstuhl. Darüber müßte ich allerdings noch mit einer anderen Stelle sprechen. Das geht also nicht ganz so schnell.“ Abermals verschlug es mir den Atem. „Mit einer anderen Stelle sprechen", das hieß doch wohl Rückfrage bei der Parteileitung in Marburg. Die aber konnte nur mitteilen, daß ich kein Parteimitglied sei, dagegen der widersetzlichen Bekennenden Kirche nahestehe. Der Lehrstuhl kam also nicht in Frage (im Grunde war mir das recht, da ich ihn nicht „denen“ verdanken wollte). Doch ich mußte mich ja entscheiden und meine Entscheidung begründen. Möglichst gleichmütig fragte ich, ob ich mir die Alternative einen Augenblick überlegen dürfe. Ich durfte. Dann tauchte ich aus dieser Überlegung auf und teilte Achelis mit, daß mir der Sperling in der Hand lieber sei als die Taube auf dem Dach. „Nun gut", sagte er, „dann werde ich wegen des Lehrauftrags das Nötige veranlassen.“ Wir trennten uns freundlich. Ich aber stand mit etwas wackeligen Knien vor dem Ministerium und fragte mich, was ich wohl getan hätte, wenn er mir nur den Lehrstuhl angeboten hätte. Noch an demselben Tag fuhr ich nach Marburg zurück, damit nicht etwa mein Gönner Heymann versuche, mich zu einem Rückzieher in Sachen des Lehrstuhls zu bewegen. – Den Lehrstuhl habe ich dann 18 Jahre später erlangt, also 1952.

Meine einzige Standeserhöhung im Dritten Reich bestand darin, daß ich 1940 im Zuge einer allgemeinen Ernennungsaktion aus einer nichtbeamteten Professorin zu einer „Beamtin auf Widerruf" wurde. Dieser Unterschied aber war nicht umwerfend!

In dem Bericht über die Unterredung mit Achelis habe ich schon erwähnt, daß ich der Bekennenden Kirche nahestand. Trotzdem Hitler gern von der „Vorsehung" sprach und trotzdem die Parteipresse oft das Wort „ewig" brauchte, wenn auch in völlig verkümmertem Sinn, war in meinen Augen die Naziideologie rein diesseitig gerichtet. Sie wußte nichts von einer über dem Diesseits stehenden Instanz und nichts davon, daß der Bezug auf diese erst fähig macht, wirklich von „Brüdern" zu sprechen. In der Bekennenden Kirche lag das anders, wie unvollkommen sie auch sonst sein mochte. So war ich ihr im Lauf der Zeit immer näher gekommen. An den Gottesdiensten, die in Marburg fast durchweg im Sinn der Bekennenden Kirche gehalten wurden, nahm ich regelmäßig teil. Ich entdeckte auch das Gesangbuch gleichsam neu, nicht zuletzt die Lieder der Reformationszeit. Die Bibel las ich jetzt mit sehr anderen Augen als früher. Und es bewegte mich immer wieder, daß meine hugenottischen Vorfahren für ihren Glauben aus der Heimat ins Ungewisse gezogen waren, So wirkte mancherlei zusammen. Im Spätherbst 34 bat ich dann Professor v. Soden, den Leiter der Bekennenden Kirche in Kurhessen, mich in sie aufzunehmen. Mit diesem von mir sehr hochgeschätzten Mann hatte ich damals ein langes, ernstes Gespräch. Ich erinnere mich, daß er, der liberale Theologe, dabei u. a. sagte „Es wird eine furchtbare Orthodoxie geben; aber wir müssen die Substanz retten." Was er nicht sagte, weil es uns ohnehin vor Augen stand, war, daß man die Substanz nur retten kann, nachdem man etwas von ihr erfahren hat. Ich unterschrieb also die „Rote Karte", wie man die Aufnahmekarte in die Bekennende Kirche nach ihrer Farbe zu nennen pflegt. Mir war klar, daß das ein Risiko einschloß. Doch es war eine innere Notwendigkeit. – Ich weiß, daß andere vom Sozialismus oder vom Humanitären her zu ähnlichen Verhaltungsweisen gekommen sind wie ich. Mein Weg aber war der hier beschriebene.

Mit dem Eintritt in die Bekennende Kirche hatte ich einen festen Standpunkt gewonnen. Von ihm aus konnte ich nun auch meinen jüdischen oder jüdisch versippten Freunden zur Seite stehen, vor allem Auerbachs und Freudenbergs, doch auch der Oberstudienrätin Jahnow. Zumeist konnte man freilich wenig für sie tun. In zwei Fällen wurden allerdings ernsthafte Anliegen an mich gestellt. Ich habe mich ihnen nicht entzogen, gedenke indessen nicht, hier davon Näheres zu berichten, und streife sie nur, weil auch das in das Bild der Zeit gehört. In der Regel aber konnte man den Verfolgten nur zeigen, daß man „da war", und zwar auf ihrer Seite „da war". Trotzdem war das irgendwie eine Hilfe. Wenn mir nach langen Jahren einer meiner Schützlinge von damals schrieb, durch dieses „Da-Sein" von mir und den ähnlich Gesonnenen hätten sie sich „nie ganz verlassen gefühlt", dann zeigt das die Möglichkeiten wie die Grenzen dieser Hilfe. Sehr lieb war mir damals oft, daß mir der Humor auch in ernsten Fällen nie ganz ausgeht. Und wenn er auch so langsam ziemlich „schwarz" wurde, wie man das heute nennt, meine Schützlinge nahmen ihn mir trotzdem ab.

Nun im einzelnen zu ihnen. Anders als Spitzer, der zweifellos einen künstlerischen Einschlag hatte, war Auerbach ein nahezu reiner Gelehrtentyp. Die Judenverfolgung hatte ihn deshalb besonders getroffen, weil er sein Herz an die Deutschen gehängt hatte. Auch war er Weltkriegsteilnehmer und hatte im Krieg eine Verwundung davongetragen. Von dem Ehepaar Freudenberg war mir der männliche Teil trotz der Verschiedenheit unserer Fächer vor allem durch die wissenschaftliche Haltung verbunden, wenn auch keineswegs durch sie allein. Frau Freudenberg schätzte es besonders, wenn ein Mensch Kopf und Herz hatte, und eben das war auch an ihr schätzbar. Dazu besaß sie eine gute Dosis Humor. Kein Wunder, daß sie Briefe von besonderem Reiz schreiben konnte. Einen davon habe ich mir bis heute aufgehoben. Frau Jahnow, ein ausgesprochen liebenswürdiger Mensch, war eine vorzügliche Lehrerin, aber auch wissenschaftlich begabt und auf Grund einer theologischen Abhandlung Lic. theol. von Gießen. Auerbachs und Freudenbergs sind noch rechtzeitig aus Deutschland fortgekommen. Wie sich das Geschick von Frau Jahnow erfüllte, sage ich später.

Und meine arischen Freunde? Daß zwischen Frau Link und mir und zwischen mir und Emmi Mertes keine Schwierigkeiten entstanden, habe ich schon berührt. Im übrigen fanden freilich seltsame Umschichtungen statt. Manche alten Freunde mußten aufgegeben werden. Wenn selbst ein Gespräch vom Wetter bei Hitler endete oder wenn ein studierter Philologe einem die „Protokolle der Weisen von Zion“ als ernsthaftes Argument entgegenhielt, dann war alles weitere zwecklos. Die Freundschaft mußte abgebrochen oder zumindest sistiert werden. Auf der anderen Seite wuchsen einem solche Menschen, bei denen man eine verwandte Gesinnung fand, als gute Kameraden oder Freunde zu. Das galt schon im Hause selbst, in dem noch der Latinist Professor Lommatzsch nebst Familie wohnte und die Professorswitwe Frau Arndt, die Mutter des späteren SPD-Abgeordneten Adolf Arndt. Das galt auch in der näheren Nachbarschaft, so z. B. von den Schwestern Froehlich. Die ältere (Amalie), von Beruf Studienrätin, starb leider noch während der Hitlerzeit. Bei der jüngeren (Carrie), einer Augenärztin, habe ich bis zum Schluß oft Beromünster gehört. Diese neutrale Quelle schien uns als Orientierung besonders geeignet. Auch dem Kollegen Heiler und seiner Frau bin ich in jenen Jahren aus guten Gründen nahe gekommen. Als Emmi Mertes den Verlust der alten Freunde einmal bedauerte, konnte ich nur erwidern, daß wahrscheinlich in der Reformationszeit alter und neuer Glaube in ähnlicher Weise durch Familien und Freundeskreise trennend hindurchgegangen sei. Entscheidungszeit sei eben Entscheidungszeit. Jetzt freilich war sich alter und neuer Glaube im gemeinsamen Gegensatz gegen das Nazitum merkwürdig nahe gerückt. Die Not bringt eben auch unerwartete Bundesgenossen. Wir Evangelischen lasen mit Freude die Verlautbarungen des Bischofs Galen von Münster. Die Katholiken aber bekamen von uns die Äußerungen des Landesbischofs Wurm zugesteckt. Ich sehe die zerknitterten Schreibmaschinenblätter noch vor mir, auf denen sich dieses Hin und Her vollzog.

Abgesehen von Kinderkrankheiten und einer mit Operation endenden Blinddarmentzündung war ich eigentlich nie ernstlich krank gewesen. Doch 1935 erkrankte ich. Ich bekam eine Rippenfellentzündung, die zwar trocken, aber überaus hartnäckig war.

Lange Wochen war ich ans Bett gefesselt. Durch geeignete Behandlung und gute Pflege kam ich über die Sache schließlich hinweg. Es ließen sich sogar noch einige Erholungswochen in Meran herausschlagen, die etwaige Reste beseitigten. Dank einer bestimmten Vorsicht, die ich noch längere Zeit übte, ist nie wieder eine ähnliche Sache aufgetaucht. Persönlich bin ich heute noch davon überzeugt, daß zu dieser Krankheit nicht nur Körperliches geführt hatte, sondern auch Seelisches, vor allem der Druck des Politischen.

Als ein sehr freundliches Geschenk betrachtete ich, daß Emmi Mertes und mir ab 1934 je vier Sommerwochen mit einer ungewöhnlichen Ausruhe beschieden waren. Sie haben manches wieder ausgeglichen. Der Norden von Sylt biegt mit einer West/Ost streichenden Landzunge, dem „Ellenbogen", zum Festland zurück. Im Osten dieser Landzunge steht der Leuchtturm Ellenbogen-Ost. Als man ihn automatisierte und dadurch das zugehörige Leuchtturmwärterhäuschen frei wurde, kaufte das Hamburger Ehepaar Steen, beides gebürtige Sylter, dieses Häuschen als Sommersitz. Durch ganz besondere Umstände konnten Emmi Mertes und ich alljährlich für vier Wochen als Gäste, bald aber als Freunde bei Steens unterkommen, die an sich keine Fremden aufnahmen. Zu dieser „Mannschaft“ gehörten auch noch die mit Steens befreundete Tänzerin Palucca nebst einer ihr assistierenden Schülerin. Wir sechs waren eigentlich ein seltsam zusammengewürfeltes Klübchen. Aber die Liebe zu dieser fast absoluten Einsamkeit bei gleichzeitiger Ablehnung des „Neuen“ band die Bewohner des zwischen Meer und Watt geduckten Häuschens in eigentümlicher Weise zusammen. „Fern der Zeit und nahe den Gezeiten", mit diesen Worten hat ein Glied des Klubs den „Freistaat Ellenbogen“ (wie bezeichnend war der Name!) zu charakterisieren gesucht. Doch das sagte eigentlich noch zu wenig. Das heißt, die Gezeiten waren uns nahe genug. Die Zeit aber war nicht nur fern, sie war abgesunken. Die ersten Tage kam einem das seltsam vor, fast wie eine Fahnenflucht. Dann aber nahm man diese große Atempause dankbar an, weil sie einem neue Kräfte gab, auch weiterhin gerade zu stehen. – Als ein Glanzpunkt steht mir im Gedächnis, daß einmal jemand von uns halb im Spaß unsere „Musik“ ins Freie geschleppt hatte, d. h. ein altes Grammophon, das nur „Wenn am Wald die Heckenrosen blühen“ von sich gab. Unvermittelt erhob sich Frau Palucca und improvisierte dazu einen Tanz. Ihre Kunst konnte selbst daraus etwas machen Mein Dank für all das gilt den freundlichen Steens noch über ihren Tod hinaus. Mit der Palucca aber wechsle ich heute noch bisweilen Briefe, auch das ein Beweis dafür, wie eigentümlich stark jene Bindung war. Nach 37 nahm diese herrliche Ausgleichsmöglichkeit ein Ende. Zum Schlusse war sie durch Übungsflüge des Fliegerhorstes List auf Sylt bisweilen schon gestört worden. Der Krieg kündigte sich eben auch darin an. Lange war er geplant; 1939 war er da: Faschisme is oorlog.

Die äußeren Nöte des Krieges und ihre allmähliche Steigerung sind bekannt (41). Sie waren nicht das Schlimmste. Freilich konnte es sehr mißlich werden, wenn man wie ich wochenlang einem ganz bestimmten Ofenrohr nachjagen mußte, von dem die Heizmöglichkeit und damit auch die Arbeitsmöglichkeit abhing. Es war auch alles andere als schön, daß man uns 1941 Trimester aufpackte, d. h. Mehrarbeit bei schon sinkender Ernährung. Doch dies nur andeutungsweise.

In den Vorlesungen traten im Lauf des Krieges die Männer immer mehr zurück, da sie im Felde waren. Manche freilich stellten sich mit schweren Verwundungen auch schon wieder ein. Ich erinnere mich, daß ich einen kleinen Sonderkreis für Kriegsblinde einrichtete. Wie unter meinen Freunden, Kollegen und Schülern hielt der Tod auch unter meinen Angehörigen seine Ernte. Von meinen Neffen (Geschwisterkindern) fielen im Lauf der Zeit fünf dem Kriege zum Opfer. Nur einer kehrte heim. Dagegen starb mein ältester Bruder Franz in Berlin 1943 an einer Krankheit. Frau und Kinder waren fast beglückt, daß sie die wenigen noch nötigen Tage der Pflege ohne nennenswerte Luftangriffe leisten konnten! Auch in den Kriegsjahren habe ich meine Schwestern noch besuchen können, die ältere, die in Blankenburg geblieben war, und auch die nach Potsdam verzogene jüngere. Von Potsdam aus sah ich dann auch die Berliner Brüder. Ganz zum Schluß wurden die Reisen allerdings eingeschränkt. Überall verkündeten Inschriften: „Räder müssen rollen für den Sieg.“ Ohne Sondererlaubnis durfte man nur noch eine bestimmte Strecke fahren, und zwar, wenn ich mich recht erinnere, 100 Kilometer. Für die Strecke Marburg – Kassel und umgekehrt reichte das freilich noch aus.

Die Geselligkeit schlief allmählich ein, weniger, weil man nichts Rechtes vorzusetzen hatte, als, weil man sich gegenseitig nicht mehr traute. Im kleinen Kreise der Ablehnenden konnte man allerdings noch zusammenkommen, sich über seinen Zorn, seinen Schmerz, seine Sorgen aussprechen und sich bis zu einem gewissen Grade durch die reinigende Wirkung von Witzen erleichtern (doch das hatte seine Grenzen!). Aber man stand im Ganzen des Volkes doch vereinsamt da. Das Wort von der „inneren Emigration“ habe ich zwar damals noch nicht gehört. Aber die Sache war da. Und selbst die Bezeichnung deutete sich schon an, als Emmi Mertes einmal traurig zu mir sagte: „Kann auch das Vaterland zur Fremde werden?“ Es war zu einer geworden.

Es kam die Deportation der letzten Juden aus Marburg. Zu ihnen gehörte auch Frau Jahnow, die nach Theresienstadt deportiert wurde. Dadurch daß sie – wegen Abhörens fremder Sender denunziert – ins Zuchthaus gekommen war, hatten die Schergen sie im Griff. Heimkehrer von dort, die ich nach 45 in Marburg sprechen konnte, haben mir gesagt, daß Frau Jahnow an Krankheit oder Schwäche gestorben sei. Also nicht in Auschwitz. Das wurde bereits als eine Art Gnade empfunden. – Die Marburger Aktion forderte übrigens auch ein nichtjüdisches Opfer. Marie-Luise Hensel, die arische Schwiegertochter unseres verstorbenen Mathematikers, suchte in Konstanz einer jüdischen Familie aus Marburg über die Grenze zu helfen. Sie muß dabei irgendeine Ungeschicklichkeit begangen haben und geriet so selbst in die fürchterliche Maschinerie. Im Konstanzer Gefängnis hat sie ihrem Leben ein Ende gemacht. Die Kunde davon hat meine Gesinnungsgenossen und mich tief bewegt. Mit Wehmut habe ich noch viele Jahre später die Erzählung „Das rote Netz“ der M. L. Kaschnitz gelesen, in der sie der tapferen Frau ein schlichtes und würdiges „In memoriam“ errichtet hat.

Nicht durch Marburg, aber durch Fachgenossenschaft verbunden war ich mit der Hamburger Germanistin Agathe Lasch. Man hatte sie in Hamburg noch bis 34 im Amt halten können; dann war das aus. Ich habe sie in Hamburg zu einem Zeitpunkt besucht, an dem sie schon keine öffentliche Bibliothek mehr benutzen durfte. Sie war, wie ich damals merkte, ein ähnlicher Fall wie Auerbach. Das heißt, sie hegte eine stille Liebe zu den Deutschen. Ein zweites Mal sah ich sie dann noch, bereits in der Kriegszeit, in Berlin. Sie war dort in einem Hause mit lauter anderen Juden untergebracht. Schon im Blick auf den Abtransport, wie ich mir hinterher sagte. Damals hatte sie noch eine kleine Chance, nach Bryn Mawr (USA) ausreisen zu dürfen, wo sie ja einmal gelehrt hatte. Wir verabredeten, daß sie mir durch Postkarte mitteilen würde, ob „unsere gemeinsame Bekannte" verreise oder nicht. Der Bescheid lautete negativ. Damit war ihr Geschick besiegelt. Nach dem Zusammenbruch hörte ich, daß sie im August 42 nach Lodz deportiert wurde und dort gestorben ist. Lange habe ich überlegt, mit welchem Wort ich ihrem Andenken meine 22. Wörterbuchlieferung widmen könnte, und ich habe als einzig mögliches Wort Jes. 48,10 gefunden.

Die Fälle Jahnow und Lasch gehörten in die abschließende „Reinigung" Deutschlands von Juden. „Ende Mai 1943 wurde Deutschland für judenfrei erklärt" (Hofer 275). Doch diesen großen und schrecklichen Zusammenhang konnte man von Innerdeutschland aus in der Regel kaum erkennen. Sogar die Kenntnisse über die Konzentrationslager waren nach meiner Beobachtung im Durchschnitt recht beschränkt. Ich selbst wußte nur von Dachau und – durch Berliner Freunde – von Oranienburg, ferner durch Frau Jahnows Deportation von Theresienstadt (nicht von Auschwitz!). Den Namen Buchenwald habe ich im Mai 1945 zum erstenmal gehört. Vielleicht klingt das seltsam. Doch man lese, was Kogon in seinem Buch „Der SS-Staat" (1946) darüber schreibt, wie geheim man die Praxis der Konzentrationslager hielt und daß sie „nur generell-politisch einer anonymen Schreckensverbreitung" dienen sollten (S. 297). Genau das taten sie.

Die Lage der Frau hatte sich im Lauf der Zeit seltsam verändert. In den Anfängen hatte Hans Wagner, Taschenbuch des Nationalsozialismus, S. 70, noch spießig und lapidar verkünden können: „Der Mann gehört in den Beruf, die Frau an den Herd und zu ihren Kindern!" Als sich aber in zunehmendem Maße ein Mangel an männlichen Arbeitskräften zeigte, mußten nun auch die Frauen für außerhäusliche Dienste herangezogen werden und dies mitunter für solche, die ihnen wirklich nicht auf den Leib geschrieben waren. Sie wurden u. a. Munitionsarbeiterinnen, Briefträgerinnen, Bahnhofsvorsteherinnen. Ja, in der Weihnachtspause eines der (letzten?) Kriegsjahre lud die Reichsfrauenführerin Scholtz-Klink sogar eine Spitzengruppe der verfemten Frauenbewegung, nämlich die Dozentinnen, zu einer Zusammenkunft ein. Ich habe natürlich abgesagt.

Es konnte nicht fehlen, daß von dem Widerstand gegen Hitler, so geheim er auch sein mußte, doch Einiges auch nach Marburg drang. So erinnere ich mich bestimmt im Frühjahr 43 durch den Kollegen Balla, der immer besonders gut unterrrichtet war, etwas über die Geschwister Scholl und den Kreis der Weißen Rose erfahren zu haben. Von Universität zu Universität laufen eben besondere Nachrichtenkanäle. Und dann kam der 20. Juli 1944 mit seinem atemberaubenden Geschehen und seinem Fehlschlag. Vielleicht war es doch die letzte Möglichkeit zu einer Selbstbefreiung des deutschen Volkes. Ich allerdings hatte dieser Selbstreinigung schon seit Kriegsbeginn keine Chance mehr gegeben.

Nach dem Zusammenbruch wurde den Marburger Dozenten außer dem allgemeinen Fragebogen, den alle Bürger zu beantworten hatten, ein kleiner Sonderfragebogen vorgelegt mit der Frage, ob der Beantworter den Zusammenbruch des Dritten Reichs gewünscht habe und seit wann. Ich schrieb zu dieser Frage, die ich als ungehörig empfand, den Vermerk „Siehe Lebenslauf" und führte in dem gleichfalls von mir abzuliefernden „Lebenslauf" dann dies aus. Gewünscht hätte ich eine Selbstbefreiung des deutschen Volkes. Nach ihrem Ausbleiben hätte nur noch folgende Alternative bestanden: siegte das Reich und damit das Nazitum, so sei tausendfältiges Unrecht verewigt. Siegten die Alliierten, so brach der Nazismus und all sein Unheil zusammen. Dafür tauchten aber nun Fragen von größtem Ernst auf. Konnten wir auf dem verschmälerten Lebensraum noch existieren? Wenn nicht, wohin mit den verelendeten Massen? Wohin mit der inneren Not derer, die ihren Religionsersatz zusammenbrechen sahen? Würden die Sieger die nötigen Einblicke in die verworrene innerdeutsche Situation gewinnen und sie in letzter Verantwortung zu bereinigen suchen? Ich schloß mit folgenden Worten: „Gegenüber dieser Alternative war es seit Jahren mein Glaube, daß Gottes Gerechtigkeit uns den zweiten Weg führen würde und das Nazitum durch den außenpolitischen Zusammenbruch Deutschlands beseitigen werde. Derartiges wünscht man nicht. Man sieht es mit Erschütterung kommen und ist bereit, es zu tragen!" Die Amerikaner oder die von ihnen beauftragten Prüfer haben mir diese sehr offenen Worte nicht verübelt. Auch ich gehörte sehr bald zu dem oben erwähnten Team der unbelasteten Dozenten.

Doch ich habe damit schon über 45 hinausgegriffen und wende mich zu den Gedanken zurück, die mich bis 45 umgetrieben hatten. Immer wieder ging mir jene Abneigung der Deutschen gegen politische Mitarbeit durch den Kopf. Sie hatte mit zu den Wegbereitern des Nationalsozialismus gehört (s. S. 47). und sie hatte sich während seiner Herrschaft natürlich verstärkt. Denn wie sollte sich gegenüber Parolen wie „Führer, befiehl, wir folgen dir" politische Mitarbeit entfalten? Wahrscheinlich sind die Deutschen politisch nicht sonderlich begabt, bei ihrer geopolitischen Lage freilich ein schwerer Mangel. Doch dann muß bewußter Erziehungswillen einsetzen und zumindest jenes Durchschnittsverständnis für politische Dinge anstreben, das nach menschlichem Ermessen für die Zukunft ähnliche Katastrophen ausschließt. Auch ich hatte es politisch an mir fehlen lassen. Gewiß konnte ich Gründe dafür anführen und habe das ja auch getan (s. S. 32). Aber sie befriedigten mich je länger, je weniger. Zur Ruhe kam ich erst, als ich mir selber versprach, daß ich, wenn ich durchkäme, politisch mitarbeiten würde. Dies Versprechen habe ich mir gehalten.

Im Anfang dieses Kapitels habe ich betont, wie sehr das Politische gegenüber dem amtlichen und privaten Arbeitsdasein überwog. Und doch war beides nicht einfach geschwunden. Der Unterricht mußte durchgehalten werden, zum Teil sogar in verstärktem Maße. An dem Verhältnis zu meinen Hörern und Hörerinnen hat sich auch in dieser Zeit nichts geändert. Es blieb so, wie ich es schon geschildert habe (S. 37). Ich suchte ihnen mit dem zu dienen, was ich sachlich verantworten konnte, und sah das wohl aufgenommen. Daß ich kein Parteiabzeichen trug, dürften viele bemerkt haben. Daß ich auch innerlich ablehnte, haben die, die ähnlich dachten, mit sicherer Witterung gespürt, wie ich späteren Äußerungen entnahm. Heikle Themen aber fielen nicht in meinen Lehrkreis.

Wie der Unterricht weiterging, so auch die Forschung. Schließlich ist sie ja ein Lebensvorgang, der auch unter schwierigen Umständen fortzudauern sucht. In den dunklen Jahren habe ich die Lieferungen 6 bis 16 meines Wörterbuchs abgefaßt, wobei die 15. Lief. den Band L – R abschloß, die 16. aber das „S" begann. Was ich über die Fruchtbarkeit dieser Arbeit gesagt habe, bestätigte sich auch in diesem Zeitraum. Dazu war es eine Genugtuung eigener Art, in einer Zeit, in der mancherlei wissenschaftliche Modeerscheinungen zutage traten, einfach den sachlichen Weg zu gehen und in aller Stille der deutschen Philologie weiterhin einen nötigen Dienst zu leisten. Neben den Wörterbuchlieferungen entstanden einige Aufsätze, unter ihnen einer über „Sprachliche Niederschläge absinkenden Hexenglaubens" (1938). Wieso ich auf dies Thema kam, bedarf keiner Erörterung. Schließlich habe ich in diesen Jahren auch einige Dissertationen angenommen. Die der Schottin Agnes Stiven über „Englands Einfluß auf den deutschen Wortschatz" (1936) erschien mir besonders gelungen.

Aber auch am Sprachatlas, auf den ich für diese Zeitspanne den Vergleichsblick beschränke, wurde intensiv weitergearbeitet. Durch frühere Veröffentlichungen hatte Mitzka der zunächst so stark westdeutsch geprägten Dialektgeographie den Blick für den Osten zugetragen, wobei ich besonders an seine „Grundzüge nordostdeutscher Sprachgeschichte" (1937) denke. Als Leiter des Sprachatlas stand er nun vor gesamtdeutschen Aufgaben. Das Druckwerk „Deutscher Sprachatlas" (s. S. 27) mußte fortgeführt werden. Doch daneben trat Neues, so als Gemeinschaftsarbeit von Mitzka und Bernhard Martin das „Lautdenkmal reichsdeutscher Mundarten" (1937). Es hatte in direktem Verfahren Mundartproben aus dem Reich aufgenommen und ergänzte sie durch solche aus Deutsch-Österreich und dem Sudetenland. Hier war nun endlich auch das gesprochene Wort zu seinem Recht gekommen. Unvergleichlich wichtiger aber war der „Deutsche Wortatlas", für den die Fragebogen ab Januar 39 ausgingen und großenteils noch vor Kriegsbeginn zurückkamen. So reiche Früchte der alte „Sprachatlas" mit seiner Laut- und Formengeographie auch getragen hatte, Wortgeographie bot er doch nur sehr im Nebenamt. Hier zu ergänzen war es höchste Zeit, nachdem die landschaftlichen Wörterbücher und grade auch das meine schon manches von dem zu hebenden Reichtum erkennbar gemacht hatten und nachdem Hübner schon 1928 bei der Besprechung meines Wörterbuchs den „großen deutschen Wortatlas" dringend gefordert hatte (42). Nun kam er also endlich zustande, und zwar, wie sich im Rückblick sagen läßt, in letzter Stunde vor dem Einsetzen kriegsbedingter Schwierigkeiten. Was für ein Reichtum dadurch geborgen wurde und nach wieviel Seiten hin er sich ergiebig zeigte, das trat freilich erst seit dem Beginn seiner Veröffentlichung zutage, die Mitzka 1951 begann und die seit 1957 er und L. E. Schmitt gemeinsam fortführten. Aber das kostbare Material lag nun jedenfalls griffbereit. Soviel mit wenigen Strichen zu dem, was von 1933 bis 45 in der Marburger Dialektologie gearbeitet wurde, oft unter schwierigsten Bedingungen.

Die Zeiten wurden von Tag zu Tag dunkler und bänglicher. Auch die Unentwegten begannen zu begreifen, wo der Endsieg liegen würde. Der Ring der alliierten Truppen zog sich immer enger zusammen. Schwere Bombenangriffe auf Städte, in denen Verwandte oder Freunde wohnten, bedrückten sehr. Marburg selbst hat zwar auch etwas abbekommen, so z. B. am 5. und 12.3. 45. Doch was war das gegenüber Kassel, das ich wenige Tage nach dem schrecklichen Angriff vom Oktober 43 aufzusuchen genötigt war! Da ich im Marburger Archiv wissenschaftliches Material geborgen hatte, mußte ich als Gegenleistung bisweilen in dessen Luftschutzkeller Aufsicht führen. Das tat ich auch am 25.3.45. Weil draußen schon recht viel „Überflug" war, verlor eine junge Frau mit Kind, die den Keller aufgesucht hatte, auf einmal die Nerven und schrie „Können denn hundert Millionen nicht gegen einen Verrückten?" Da ich gerade an der Kellertür stand, verschwand ich blitzschnell nach draußen; ich hatte nichts gehört. Am Abend des 27.3. stand überraschend Emmi Mertes in meiner Stube. Im Zuge der Schulevakuierungen schließlich in Biedenkopf beschäftigt, war sie zu Fuß und mit Rucksack von dort nach Marburg gewandert. Sie hielt es für gut, das, was nun käme, mit mir gemeinsam zu bestehen. Es war auch gut.

Am 28.3. war der Oberbürgermeister vernünftig genug, die

Stadt kampflos zu übergeben. Gegen Mittag fuhren die amerikanischen Panzerspitzen an unserm Haus vorbei auf den Hitlerplatz, der ab sofort wieder Friedrichsplatz hieß, und sammelten sich dort. Am Morgen des Tages hatte ein Naziprofessor aus Gießen nebst Frau in unserm Keller Zuflucht gesucht. Es waren offenbar „Gläubige", die nun in halber Verzweiflung ins noch unbesetzte Deutschland zu fliehen gedachten. Als sie aber in Marburg schon von den Amerikanern eingeholt wurden, erschoß der Mann die Frau und sich. Mit einer Plane zugedeckt lagen sie in dem Gartengelände gegenüber unserm Haus. Und der arme Professor Lommatzsch, ein Fachkollege des aus dem Leben Geschiedenen, hatte bei den zunächst turbulenten Verhältnissen die größte Mühe, für das Ehepaar eine Beerdigung zu erreichen. Das war eine kleine Tragödie innerhalb der großen. Der Krieg aber war am 28.3. für Marburg zu Ende und am 7.5. für ganz Deutschland. Was würde kommen?

6. Auszug aus dem elfenbeinernen Turm (1945–57)(43)

Was kam, war eine höchst zweispältige Situation, wenn nicht gar eine vielspältige. Das Nazitum war dahin. Für mich und alle Gleichgesinnten bedeutete das eine Befreiung, die mit Worten nicht zu schildern ist. Nun durfte nicht mehr „Im Namen des Volkes“ und also auch in unserem Namen unbeschreibliches Unrecht angerichtet werden. Nun durfte das deutsche Volk nicht mehr Schritt für Schritt weiter ins äußere Verderben getrieben werden. Aber der Friede der Heere konnte nicht sogleich wirklicher Friede werden. Dafür war zu viel geschehen. Der Gewinn war mit zuviel furchtbaren Hypotheken belastet. Mit äußeren Nöten von unvorstellbarem Ausmaß, in die meine Stadtverordnetenzeit (46-52) mir einen Einblick gab. Doch nicht weniger war sie mit seelischen Nöten belastet. Mit den Nöten derer, die die Heimat räumen mußten. Mit denen der gutgläubigen Nazis, die nun erkennen mußten, auf welchen tönernen Füßen ihr Idol gestanden hatte. Mit den Nöten derer, die das nicht erkennen wollten und von „Verrat" sprachen, obwohl sie selbst die Verratenen waren. Beide Gruppen lernte ich später als Mitglied einer Entnazifizierungs-Kammer kennen. Doch entfaltete sich das ganze schreckliche Panorama nicht sogleich, aber dafür mit einer Art fürchterlicher Konsequenz.

Doch zurück zum Alltag. „Time and the hour runs through the roughest day." Die Amerikaner hatten die Stadtverwaltung übernommen. Allerdings suchten sie sie in zunehmendem Maße mit Zuziehung deutscher Kräfte zu führen, bis am 26.5.46 das erste Stadtparlament gewählt wurde. Zum Äußerlichsten: Wasser und (scharf kontingentiertes) Licht gab es erst ab 10.4.45, (kontingentiertes) Gas erst ab 1.10.45. Katastrophal war die Wohnlage. Schon vor Kriegsende hatte sich in die wenig zerbombte Stadt ein Strom von Flüchtlingen ergossen. Nun kamen dazu die Beschlagnahmen des amerikanischen Militärs. Wegen der geringen Zerbombung waren sie härter als anderswo und betrafen z. B. im Herbst 46 das gesamte Südbahnhofsviertel. Doch auch 45 sah man immer wieder Betroffene ihre wichtigste Habe auf Behelfsvehikeln zu Verwandten, zu Freunden oder in eine Notunterkunft ziehen. Es war ein kläglicher Anblick! Dieses Elend ging an mir und am Wörterbuch vorüber, und zwar auf seltsame Weise. Gleich in den ersten Tagen nach der Besetzung sprach bei Professor Lommatzsch ein gebildeter Amerikaner als Interviewer vor. Da Lommatzschs Englisch etwas unterentwickelt war, ließ er mich herunterbitten. So kam auch ich mit jenem Besucher ins Gespräch. Zum Schlusse fragte er mich, ob er wohl zu mir heraufkommen könne, was ich gerne gestattete. Um irgendwie sein Vertrauen zu gewinnen, zeigte ich ihm meine Mitgliedskarte in der Bekennenden Kirche von 1934. Das wirkte beinahe Wunder. Denn von der Bekennenden Kirche und Niemöller wußte er etwas. Ich hätte ja nichts zu fürchten, sagte er, wenn sie nun Gut und Böse nach der fehlenden oder vorhandenen Mitgliedschaft in der Partei schieden.

Ich bemerkte darauf, daß das nicht leicht sei und nicht nach Schema F erfolgen dürfe. Er fragte, ob ich auch amerikanische Hörer gehabt hätte und aus welchen Gegenden. Ja, z. B. einen aus Kentucky. Darauf sang er mir den Anfang des Liedes „Old Kentucky Home" vor. Ich aber ergriff nun die Gelegenheit, um ihm die beiden Räume des Wörterbuchs und dessen Zettelkästen zu zeigen, von denen ich nur einen Bruchteil im Staatsarchiv geborgen hatte. Auch teilte ich ihm mit, daß die Berliner Akademie der Wissenschaften den Anstoß zu dieser Sammlung gegeben habe und daß das Wörterbuch nach wie vor ihr unterstehe. Darauf er, sichtlich beeindruckt: „Das müssen wir doch schützen." Darauf ich: „Sind denn Ihre Soldaten so zu fürchten?" Er: „Das nicht. Aber was solche Sammlungen bedeuten, wissen sie nun doch nicht. Ich werde Ihnen raschestens ein Off Limits besorgen." Wir schieden in gutem Einvernehmen, und das Off Limits wurde 24 Stunden darauf an die Haustür genagelt. Damit waren wir vor Beschlagnahme geschützt. Wie ein überstürzter Umzug des Wörterbuchs mit seinen Zettelkästen, Papieren usw. zuzüglich eines Umzugs meiner Bücher und Papiere ausgesehen hätte, das auszudenken könnte mir noch im Rückblick Albträume erregen. Ohne ernsten, vielleicht jahrelangen Schaden für das Wörterbuch wäre das kaum abgegangen. Und nun hatte der Zufall, daß Lommatzsch mich herunterbat, das alles abgewandt. Ich war sehr geneigt, diesem Zufall einen anderen Namen zu geben. Das um so mehr, als es in meinem Leben schon mehrere solcher „Zufälle" gegeben hatte.

In meinem Asyl saß ich übrigens nicht allein. Ich teilte es mit Emmi Mertes, deren Kasseler Schule noch nicht wieder eröffnet worden war und die ihre Lage durch englischen Privatunterricht verbesserte, sowie mit meinem Schwestersohn Dankmar Tauern, der aus dem Kriegsdienst kam und nun Physik studieren wollte. Es war etwas eng, doch es mußte gehen, und so ging es. Einen fast unschätzbaren Dienst leisteten dem Haushalt meine beiden Wohngenossen, indem sie einen von mir ersteigerten Baum (das gab es damals) fällten und zerkleinerten. Mit diesem Kleinholz kamen wir so ziemlich durch den Winter. Natürlich wurde nur e i n e Stube, die Arbeitsstube, geheizt. In ihr saßen wir drei dann, abgesehen von den Essenszeiten und kleinen Pausen, bei strengem Silentium.

Indessen: Was hatte ich zu arbeiten? Zunächst konnte ich ab August wieder an den im Staatsarchiv deponierten Teil der Zettelkästen heran, den ich gerade in Arbeit gehabt hatte. Freilich nur mittels eines Passierscheins, den die Wache am Eingang jedesmal kontrollierte. Da mir das etwas seltsam vorkam, fragte ich eine Archivangestellte, was eigentlich im Archiv los sei. Sie gab mir keine Antwort, führte mich vielmehr einfach in den Fotokeller des Archivs. Dort stand ich, einigermaßen überrascht, vor den Särgen von Friedrich Wilhelm I., von Friedrich dem Großen und von den beiden Hindenburgs. Eine seltsame Begegnung! Dort haben die Särge gestanden, bis sie in der Elisabethkirche eine Bleibe fanden, sei es eine endgültige, wie die der Hindenburgs, sei es eine vorläufige, wie die der beiden Hohenzollern. Wenn ich im Archiv still an meinen Zettelkästen saß, war es mir mitunter merkwürdig zu denken, was für ein Stück Weltgeschichte wenige Treppen tiefer in seinen letzten irdischen Resten fortdauerte.

Auch die Universität kam langsam wieder in Gang. Am 3.9.45 wählte ein Gremium von 30 Dozenten, gegen deren politische Haltung die Amerikaner keine Bedenken hatten, darunter auch ich, zum Rektor den Theologen Frick, zum Prorektor den Staatswissenschaftler Albrecht. Aus Gründen, die mir nicht mehr erinnerlich sind, nahm Frick die Wahl nicht an. Darauf setzten die Amerikaner als „acting rector" Julius Ebbinghaus ein. Am 25.9. wurde die Universität mit einer kleinen Feier eröffnet. Der Unterricht begann am 6.11. mit den Vorlesungen der Theologen und Mediziner. Die philosophische Fakultät klappte etwas nach, so daß ich z. B. meine erste Übung erst am 5.12. gehalten habe. Und doch war ich im Unterricht schon im Oktober tätig. Da begannen nämlich die Kurse für die sog. Vorsemester. Das waren Kriegsteilnehmer, die vor dem Krieg noch nicht studiert hatten und deren Schulkenntnissen man mit Recht nicht mehr ganz traute. So wurden sie nur vorläufig immatrikuliert und mußten erst Kurse in Deutsch usw. durchmachen, bis sie auf deren günstiges Ergebnis hin voll immatrikuliert wurden. Ich hatte einen Kursus in Deutsch zu leiten und habe nachträglich erfahren, daß meine lieben Hörer über die weibliche Leitung erst etwas betroffen waren. Nun, auch ich ging nicht gerade mit Hochgefühl in einen Hörsaal mit 40 oder mehr rauhen Kriegern. Doch dann sagte ich mir, daß ihnen übel genug mitgespielt worden war und daß es ihnen auch jetzt noch schlecht gehe: kalte Bude, wenig zu essen, keine Bücher usw. Mit dieser Einstellung schaffte ich es ganz gut. Ich gab mir mit ihnen besondere Mühe, und sie sprachen darauf an. Ja, sie waren besonders aufnahmefreudig. Das haben übrigens auch andere Kollegen bemerkt, und der Heidelberger Jurist Radbruch hat es sogar mit größtem Nachdruck betont (44). Eine förmliche „Umerziehung" habe ich natürlich mit ihnen nicht angestellt. Ich suchte sie zu kritischem Denken zu bringen und hoffte, daß sich das dann in vielen Richtungen auswirken werde. Mit Genugtuung kann ich verzeichnen, daß sie mir noch über die Vorsemesterzeit hinaus Dank bezeigt haben, daß sie mir ihre Verlobungs- und Heiratsanzeigen zuschickten und anderes mehr. Diese Tätigkeit endete dann vor dem Semesterbeginn der philosophischen Fakultät.

Außer im Unterricht war ich freilich auch in der Selbstverwaltung der Universität tätig, und zwar als Mitglied der engeren Fakultät. Wieso ich das war, weiß ich bis heute nicht. Denn einen Lehrstuhl hatte ich ja nicht. Und eine Wahl von Nichtordinarien-Vertretern hatte noch nicht stattgefunden. Nun, vielleicht hatte irgend eine Instanz mich auch ohne das zur Wahrnehmung der Nichtordinarien-Interessen hineingesetzt. Jedenfalls gehörte ich ihr also an, und zwar nicht nur im Winter 45/46, sondern darüber hinaus. Die Nöte der Zeit kamen natürlich auch in diesen Sitzungen oft und bedrückend zutage. Einmal suchte man ihnen allerdings auf eine Weise zu begegnen, die mich zum Protest zwang. Als sich zeigte, daß in einem der naturwissenschaftlichen Institute die Plätze nicht ausreichten, schlug ein Kollege, dessen Namen ich absichtlich nicht nenne, am 29.10. vor, die Frauen nicht zu berücksichtigen. Hiergegen wandte ich ein, man könne zwar aus Rücksicht auf die Kriegsteilnehmer die Frauenquote drosseln. Keinesfalls aber dürfe man im Blick auf das mühsam genug erkämpfte Frauenstudium die Tradition einfach abbrechen. Als der Kollege Jost mir lebhaft beipflichtete, zog jener andere Kollege seinen Vorschlag zurück. Wenn ich in dieser Sitzung etwa wegen Erkältung gefehlt hätte, wäre der Vorschlag unter Umständen doch durchgekommen. Ja, da sich derartiges schnell herumspricht, hätten andere Universitäten aus ähnlichen Nöten heraus vielleicht ähnlich gehandelt. Man sieht, daß es auch in der Demokratie sehr wohl auf die Einzelperson ankommen kann.

Doch das Jahr 45 brachte nicht nur diese Betätigungen im Rahmen der Universität, sondern auch einen ersten Schritt darüber hinaus. Ich wurde Mitglied der „Christlichen Nothilfe", an deren Sitzungen ich am 17.4. zum erstenmal teilnahm. Den Anstoß zur Bildung dieser Körperschaft hatte ein mit der Universität zusammenhängender Mißstand gegeben. In Marburg waren nicht ganz wenig Studenten, die von ihren Eltern und Geldgebern abgeschnitten und so in Not geraten waren. Geistliche beider Konfessionen, evangelische und katholische Professoren und andere geeignete Personen gründeten nun diese Christliche Nothilfe, die den Studierenden durch Arbeitsbeschaffung und auf andere Weise half. Aber dabei blieb es nicht. Wo sich damals ein Mittelpunkt für Hilfe bildete, da strömte es von allen Seiten herzu. Durchreisende ohne Obdach, entlassene Kriegsgefangene, Flüchtlinge, Amputierte, die auf ihre Prothesen warten mußten, alles wandte sich an die Christliche Nothilfe, durch deren Beratungsstelle im Dezember 45 täglich etwa 132 Hilfesuchende gingen. Eine Baracke für Durchreisende, ein Altersheim für betagte Ostflüchtlinge u. a. m. wurde eingerichtet. Die Mittel für all das kamen aus Kirchenkollekten, aus Naturalspenden der Landgemeinden und nicht zuletzt aus den Eintrittsgeldern für Konzerte oder Vorträge, deren Urheber auf Bezahlung verzichtet hatten. Denn das Interesse an solchen Veranstaltungen war nach dem geistigen Eintopf der Nazizeit sehr groß.

Doch ich brauche darauf nicht näher einzugehen, da die Christliche Nothilfe über ihre so wichtigen Anfangsjahre 1945/46 und 1946/47 (45) auf erbärmlichem Papier je einen Bericht hat drucken lassen. Für den ersten dieser Berichte mußte ich die Schlußdurchsicht besorgen. Daß auch das einmal zu meinen literarischen Aufgaben gehören würde, hätte ich mir nie träumen lassen.

Gut erinnerlich ist mir, daß sich in diesem ökumenischen Kreis ein schöner Zusammenhalt ergab, so z. B. zwischen mir und dem katholischen Kollegen Laum sowie der katholischen Sozialpolitikerin Helene Weber, einer in allem, auch in ihrer Frömmigkeit, kernigen Frau. Ich erinnere mich, daß ich sie, als wir wieder einmal in einem ungeheizten Lokal tagten, in die mitgebrachte Decke miteinwickelte und dazu bemerkte: „Ökumenischer geht es nicht, Frau Weber." Sie wurde später Mitglied des Parlamentarischen Rates und als solches auch Mitschöpferin des Grundgesetzes, das durchaus nicht nur Väter hat, sondern auch vier Mütter. Schließlich wurde sie auch MdB. Die Christliche Nothilfe war in einer Zeit entstanden, in der die Caritas und auf evangelischer Seite die Innere Mission sich noch nicht wieder voll formiert hatten. In dem Maße, wie das der Fall war, konnte sie jenen ihre Aufgaben abtreten. Aber das geschah nicht so rasch. Noch bis zum Ende des hier beschriebenen Zeitraums habe ich in ihrem Arbeitsausschuß mitgearbeitet, wenngleich in abnehmendem Maße. Auch heute noch denke ich an diese Improvisation aus christlichem und ökumenischem Geiste mit Freuden zurück. Und den anderen Beteiligten geht es ähnlich.

Im Jahre 1946 blieb die äußere Misere, vor allem der Kalorienmangel, unverändert. Erst, als es sich seinem Ende näherte, kam ein Care-Paket und damit eine wirkliche Hilfe. Es hatte eine kleine Vorgeschichte. Zu Anfang des Jahres hatte mich Dr. James M. Read besucht, ein junger amerikanischer Freund, den ich vom Hause Link her kannte und der damals in Deutschland stationiert war. Ich hatte ihm offen gesagt, daß man bei dieser kümmerlichen Ernährung nicht Berufsarbeit leisten und zugleich Demokratie mitaufbauen könne. Das hatte ihm eingeleuchtet, und so hatte er zwei Bekannte von sich in USA gebeten, mir gelegentlich ein Paket zu schicken. Solche Pakete kamen denn auch ab und zu, zu meiner und meines Neffen Freude. Besonders freundlich ausgedachte und stets von herzlichen Zeilen begleitete Pakete schickte Eleanor W. Falley, eine offenbar christlich gesonnene Frau. Ihrer, die inzwischen heimgegangen ist, sei hier dankbar gedacht. Aus unserm kleinen Haushalt war zu Anfang des Jahres Emmi Mertes ausgeschieden, da ihre Kasseler Schule wieder in Gang gekommen war. Mein Neffe und ich brachten sie zur Bahn, aber nicht nur mit guten Wünschen, sondern auch unter Mitgabe eines Öfchens samt etwas Holz und Streichhölzern.

Der Unterricht in der Universität und ebenso die Mitarbeit in der Fakultät ging auch in diesem Berichtsjahr weiter. Im Januar bekam die Fakultät und zugleich die Universität durch die Habilitation der Orientalistin Annemarie Schimmel ihr zweites weibliches Mitglied. Dies freute mich nicht nur für die Frauensache, sondern veranlaßte mich auch zu einer Eingabe. Schon lange hatte mich im stillen verdrossen, daß die Umläufe des Rektorats sich an „Sämtliche Herren Professoren und Dozenten“ wandten. Aber für mich allein mochte ich dazu nichts sagen. Nun waren wir immerhin im Dual vorhanden. So übergab ich dem mir besonders gut bekannten Professor Frick während seines Rektoratsjahres (47/48) eine Eingabe in Gedichtform, betreffend „Sprachgebrauch in Umläufen des Rektorats“. Das Gedicht schloß mit den Zeilen:

"Du fragst, in welcher Form nun anzureden?
Zu raten ist der Germanistin Pflicht.“

Doch Frick bedurfte meines Rates nicht, sondern fand von sich aus die heute noch geltende Lösung: „An sämtliche Mitglieder des Lehrkörpers“. Vielleicht lächelt mancher über meine Eingabe. Doch zu Unrecht. Dem Vergessen in Worten entspricht nur zu leicht auch das in Taten, z. B. bei der Berufung von Frauen auf Lehrstühle. Ich hatte meine Erfahrungen.

Einen Hilfsdienst wenig erfreulicher Art mußte ich am März 46 in einem Ausschuß leisten, der gewesene Offiziere auf ihre Eignung für das Studium hin zu prüfen hatte. Sie sollten nur dann immatrikuliert werden, wenn sie politisch unverdächtig waren und wenn sie auch früher schon wissenschaftliche Interessen gezeigt hatten. Offenbar waltete der Gedanke, die Universität solle nicht eine Zuflucht für gewesene Militärs werden. Die Arbeit in diesem Ausschuß forderte viel Takt und Mühe; sie war es übrigens auch, die uns zeigte, wie wenig „Mein Kampf“ gelesen worden war (s. o. S. 48).

Nicht nur in der Universität mußte ich an der „Bewältigung der Vergangenheit“ mitarbeiten (dies Schlagwort ist freilich erst gegen Ende der 50er Jahre aufgekommen: s. Holthusen in Christ und Welt 1969 Nr. 26), sondern in sehr viel größerer Öffentlichkeit. Am 5.3.46 war für Hessen das „Gesetz zur Befreiung von Nationalsozialismus und Militarismus“ beschlossen worden, über dessen richtiger Handhabung ein besonderes Ministerium wachte. Nach diesem Gesetz waren sämtliche Bürger als Belastete, Minderbelastete, Mitläufer usw. einzustufen. Vielfach ging das auf schriftlichem Wege mittels eines Fragebogens von Handtuchlänge, den jeder Bürger für die Militärregierung hatte ausfüllen müssen. In einer Reihe von Fällen aber mußte verhandelt werden, und zwar durch sogenannte Entnazifizierungskammern. Den Kammern der I. Instanz wurden Berufungskammern vorgeordnet, die die erstinstanz – Mangel an Arbeitskräften, so daß manche unbedingt nötigen Arbeiten nur mit Einsatz von Freiwilligen gemacht werden konnten. Sehr schwer war – um von den Kalorien zu schweigen – die Lage auf dem Textilmarkt. Bei Zuteilung von 114 Punkten für einen Herrenanzug mußten 57 andere Bedürftige zunächst zurücktreten. Das war überhaupt immer wieder das Problem: wem sollte man zuerst helfen, ohne den fast genau so hilfsbedürftigen anderen nicht durch Aufschub der Hilfe aufzubringen? Ich war damals gewohnt, daß man mich auf der Straße am Mantelknopf packte und mir nach der Einleitung „Sie sind doch Stadtverordnete“ seine oft wirklich große Not klagte. Wenn ich dann von jenem leider nötigen Zuwarten sprach, nahmen einige das an, andere aber nicht. Manche waren einfach zornig und geneigt, die Stadtverwaltung, die doch nur der Konkursverwalter war, für den Bankrotteur zu halten. Als sehr unliebsame Behinderung ergab sich in den Anfängen noch zusätzlich, daß die städtischen Beamten fast durchweg Parteigenossen gewesen waren und ohne Entnazifizierung nicht weiterarbeiten durften, besonders in den leitenden Stellen. Kurz, Schwierigkeiten über Schwierigkeiten.

Demgegenüber war im Stadtparlament manches Positive zu verzeichnen. Denn die Arbeit dort war besonders in den Anfängen, aber auch in die Periode 48-52 hinein, von Parteistreitigkeiten nicht sehr behindert. Die Notlage war so riesig und die Möglichkeiten der Abhilfe so gering, daß sich weithin ein natürliches Zusammengehen der Parteien ergab. Ein paar Grundregeln des politischen Kleinkrieges aber konnte man gleichwohl dort lernen. Auch erkannte man leicht, daß sich darin ein Modellverhalten zeigte, das nach oben hin nur vergößert zu werden brauchte.

Noch etwas nahm ich damals in Angriff, und zwar zusammen

mit Frau Heiler, die 46 Stadträtin geworden war und sich als Leiterin des Jugendamtes auch der heimatlosen, ja oft verwahrlosten Jugend anzunehmen hatte. Wir beide glaubten, endlich etwas für unsere Geschlechtsgenossinnen tun zu müssen, die durch die Männerbündelei des Dritten Reichs mißbraucht und an den Rand des Geschehens gedrängt worden waren (s. S. 46). Nach Rücksprache von uns beiden mit der Redaktion der Marburger Presse erschien ab 1.4.46 in mehrwöchigem Abstand eine Frauenbeilage. Sie vernachlässigte die damals sehr nötigen praktischen Winke zwar nicht, versuchte aber gleichzeitig, Verständnis für das öffentliche Leben zu erwecken. Eine ganze Weile hat sich diese Beilage durchsetzen lassen. Dann wurde sie aus einem mir nicht mehr erinnerlichen Grund eingestellt. Und die heutige Seite „Für die Frau" unterscheidet sich nicht mehr sonderlich von ähnlichen Seiten in anderen Blättern. – In engem Zusammenhang damit stand die Gründung eines Frauenausschusses, zu dem sich neun Frauen recht verschiedener politischer Richtung zusammenfanden. Wir trafen uns im Haus der tatkräftigen Lisa de Boor, deren Erinnerungsbuch ich schon erwähnt habe. Bei diesen Zusammenkünften wurden nicht nur sehr aktuelle Dinge besprochen, so z. B. von einer Ärztin über den Gesundheitszustand in der Nachkriegszeit berichtet, es wurden auch praktische Entschlüsse gefaßt und durchgeführt. Nach zehn Jahren konnte unser Ortsblatt in einem recht aufschlußreichen Artikel anerkennend darauf zurückblicken (2.3.56). All das diente dazu, einen auch politisch und sozial gerichteten Frauenwillen zu entwickeln. Am 12.4.46 wurde unsere Arbeit durch die Militärregierung genehmigt. Allerdings war eben nur dieser Ausschuß nebst etwaigen Gästen zugelassen und noch nicht die allgemeine Mitgliederwerbung als nötige Stufe zu einem Verein. Ein Jahr später gelang dann freilich auch dies. Und schließlich führte die Entwicklung zu dem Marburger Überparteilichen Frauenverband, der sich seit Jahren gut bewährt hat und aus dem Marburger öffentlichen Leben heute kaum mehr fortzudenken ist.

Im Blick auf all die gezeichneten Tätigkeiten, die ja zusätzlich zur Berufsarbeit geleistet werden mußten, war der Wunsch nach etwas mehr Kalorien begreiflich und seine schließliche Erfüllung sehr nötig. Aber vielleicht wäre auch mit mehr Kalorien nicht durchzukommen gewesen, wenn nicht auch anderes mitgespielt hätte. So die Erkenntnis, daß öffentliche Aufgaben den Menschen reifen. Dann ein Empfinden für das, was H. Ehlers einmal „die Gnade des Nullpunkts" genannt hat (47). Und schließlich das Bewußtsein, mit diesen schlichten Diensten ein Stück praktisches Christentum zu versuchen, nicht nur in der Christlichen Nothilfe, sondern auch in den anderen Gremien. In diesem Sinne hatte schon 1934 die Barmer Synode die Mitglieder der Bekennenden Kirche gemahnt, und ich hatte es nicht vergessen.

Es könnte fast so aussehen, als hätten persönliche Beziehungen 45 und 46 für mich keine Rolle gespielt. Doch das war nicht der Fall. Die Verbindung mit den Geschwistern, von denen Marie mich 45 und 46 auf kurze Zeit besuchte, blieb natürlich und ebenso blieb die zu Emmi Mertes. Und wenn auch ein Hauptnachdruck dieser Jahre für mich im öffentlichen Wirken lag, so schloß das ja glücklicherweise auch menschliche Beziehungen zu denen ein, mit denen ich nun zusammenwirkte. Bei der Christlichen Nothilfe habe ich das schon erwähnt. Im Stadtparlament lernte ich in Schulrat Mütze einen wirklichen Demokraten kennen, mit dem mich auch viel persönliche Sympathie verband. Und die alte Brücke zu Frau Heiler wurde dadurch weiter gefestigt, daß sie und ich beide der Stadtverwaltung angehörten, wenn auch in verschiedenen Funktionen.

Nachdem ich meine Tätigkeiten in den Jahren 45 und 46 genau geschildert habe, kann ich mich für die weiteren Jahre der Berichtszeit kürzer fassen. Manche Tätigkeiten liefen einfach aus, wie z. B. die in der Entnazifizierungskammer. Andere beanspruchten mich in abnehmendem Maße, wie etwa die im Arbeitsausschuß der Christlichen Nothilfe. Wieder andere liefen weiter, wie z. B. der Hochschulunterricht und die Teilnahme an den Fakultätssitzungen. Es genüge, wenn ich das alles hier einmal zusammenfasse. Dagegen werde ich das im einzelnen zu erwähnen haben, was an neuen Tätigkeiten auftauchte, und das war nicht ganz wenig.

Der März des Jahres 47 brachte mir zunächst etwas, an das ich nie gedacht hatte. Da Mitzkas Entnazifizierung sich länger, als zu vermuten war, hinzog, bat der Rektor (Matz) mich, kommissarisch die Leitung des Sprachatlasses zu übernehmen. Aus guten Gründen sagte ich zu. Selbstverständlich habe ich während dieser Zeit nicht in die Sprachatlasangelegenheiten hineinregiert, sondern eben wirklich nur die laufenden Geschäfte erledigt, bestens unterstützt von Mitzkas rechter Hand Elli Siegel. Dabei war mir mitunter der Gedanke seltsam, welche Umwege das Geschick bisweilen geht. Von der Fakultät 1927 mit drei anderen Gelehrten auf die Nachfolgeliste für Wrede, den Leiter des Sprachatlasses, gesetzt, war ich nun, zwanzig Jahre später, doch Sprachatlasleiterin geworden, obzwar kommissarische. Im übrigen war ich froh, als Mitzka am 21.12. wieder die Leitung übernehmen durfte, wenn auch vorerst nur die vorläufige.

Diese Belastung war relativ klein gewesen. Dagegen brachte dasselbe Jahr eine außerordentliche Belastung im persönlichen Bereich. Ende März kam Emmi Mertes nach Marburg, um sich wegen eines Magenleidens behandeln zu lassen, das sich bei ihr entwickelt hatte. Die zunächst angewandte internistische Behandlung genügte nicht; es wurde ein Eingriff nötig. Ihn nahm Professor Wiedhopf vor, der von alten Zeiten her mein Freund war (s. S. 38) und der inzwischen auf den Marburger chirurgischen Lehrstuhl berufen war. Das Ergebnis teilte er mir dann zehn Tage später ebenso offen wie zartfühlend mit. Die Operation hätte nur noch den Wert einer Erleichterungsoperation haben können. Auch von der Bestrahlung, die er selbstverständlich einleiten werde, verspreche er sich nicht viel. Auf meine Frage nach der zeitlichen Prognose erwiderte er, daß nach menschlichem Ermessen mit 3/4 bis 1 1/2 Jahren zu rechnen sei. – Die Operation hatte tatsächlich eine fühlbare Erleichterung gebracht, so daß die Kranke sogar noch einige Erholungswochen bei den Ihrigen im Saarland verbringen konnte. Doch dann verschlimmerten sich die Symptome wieder. Am 2.10. kehrte sie nach Marburg zurück, wo ich sie – wie auch schon vor ihrer Operation – wieder in der von katholischen Schwestern ausgezeichnet geführten Klinik St. Elisabeth unterbringen konnte. Es handelte sich nur noch darum, ihr das letzte Stück des Wegs und den Übergang so leicht wie möglich zu machen. Das ist dann auch erreicht worden: dank der aufopfernden Pflege durch die Schwestern und dank Wiedhopfs feinfühliger

Behandlung. Doch auch die Kranke selbst hat dazu beigetragen. Ihre für kleine Freuden aufgeschlossene Natur zeigte sich selbst jetzt noch und ihre aus sehr tiefer Quelle stammende Geduld bewährte sich bis zum Schluß. In der Nacht zum 13. Januar 48 ging es dann zu Ende. Kurz vorher war ihre Schwester in Marburg eingetroffen. Gemeinsam bestimmten wir als Text der Trauerfeier 2. Korinther 9,6: „Wer da sät im Segen, der wird auch ernten im Segen.“ Zu dieser Feier kam außer der Leiterin der Kasseler Schule, Frau Dr. Reißig, und mehreren Lehrerinnen auch eine Gruppe von Schülerinnen, die bei der Trauerfeier sang. Als ich hinterher Frau Dr. Reißig fragte, ob sie die Mitfahrt der Schülerinnen angeregt habe, verneinte sie; es sei ihr Wunsch und freier Wille gewesen. Am 27.1.48 war dann in Kassel die Gedenkfeier der Schule. Im Namen der Angehörigen und im eigenen Namen fuhr ich hinüber. Es war eine ausgesprochen würdige Feier, die das Bild des reichen Menschen und der geborenen Erzieherin noch einmal klar und deutlich hingezeichnet hat. Die Urne wurde am 7.2. in Marburg beigesetzt, in meinem Beisein und in dem einiger naher Freunde. Die merkwürdig treffenden Losungen dieses 7.2. waren 4.Mos.23, 10b und Off. 14,13. –

Die Arbeit des Jahres 48 ging weiter, in der Universität wie in den öffentlichen Gremien. Im Sommer erschien mir nun freilich doch eine Erholung nötig. Ich weiß nicht, ob damals schon größere Reisen möglich waren oder nicht. Doch auch im Jafall hätte ich mich nicht dazu entschließen können. Ich ging nur im August 14 Tage auf den Frauenberg bei Marburg und hatte es da auch ganz gut getroffen. Am Tage strich ich durch die Wälder. Bei Sonnenuntergang aber saß ich oft auf einer Bank am Fuß der Ruine und sah in das abendliche Land. Am Horizont erschien dann die schöne Silhouette Marburgs, dieser Stadt, die mir ohnehin schon soviel bedeutete und mir nun auch noch durch ein Grab verbunden war.

Am 8.12. waren 25 Jahre seit meiner Habilitation vergangen. Ich rechnete nicht damit, daß irgendwer außer ein paar alten Freunden daran denken würde. Doch ich hatte mich geirrt. Herr Heiler, der Dekan der Theologischen Fakultät, erschien und überbrachte mir ihr Ehrendoktordiplom. Die Urkunde gedachte meines durch Schriften wie im Unterricht bekundeten Sonderinteresses für die geistliche Dichtung des Mittelalters, besonders aber des Hessen-Nassauischen Volkswörterbuchs, mit dem ich „der evangelischen Kirche Hessens einen bedeutsamen Dienst" geleistet hätte. Tatsächlich erlauben seine Lieferungen wie die der verwandten Werke wichtige Einblicke in die religiöse Volkskunde, in Hessen allerdings in die beider Konfessionen. An der vita activa, betonte das Diplom die Zugehörigkeit zur Bekennenden Kirche und die seit 45 geleistete Mitarbeit in der Christlichen Nothilfe. Eine gewisse Rolle dürfte bei dieser Ehrung gespielt haben, daß die theologische Fakultät damit die Zurücksetzung, die ich als Dozentin erfahren hatte und die ich auch jetzt noch erfuhr, etwas ausgleichen wollte. Natürlich wußte ich diese Ehrung voll zu würdigen. Auch ist es schön, wenn einem die Fakultät, bei der man „gelernt" hat, bezeugt, daß man mit ihrem Pfunde gewuchert habe. Als kleines Kuriosum aber ergötzte mich, daß die Hausangestellte einer Bekannten mich ab sofort „Frau von Berthold" nannte und davon auch nicht abzubringen war. Und doch war ich von dem Geschehen des Jahresanfangs noch zu mitgenommen, um eine unbefangene Freude aufbringen zu können. Es gibt Duplizitäten des Geschehens. Daß die Titularprofessur etwa ein Jahr nach dem Tode meiner Mutter gekommen war, habe ich schon erwähnt. Und über die nunmehrige Ehrung hätte sich niemand mehr mitgefreut als die am Jahresanfang Heimgegangene. Erst die ehrliche Teilnahme alter Freunde ließ langsam auch in mir eine Freude aufkommen.

Im wirtschaftlichen Bereich brachte das Jahr 48 noch ein Ereignis von großer Tragweite, die Währungsreform. Nachdem sie schon etwas vorgespukt hatte, war sie am 20.6. da. Es ist nicht meines Amts, über ihre Notwendigkeit zu urteilen oder gar ihre politischen Konsequenzen zu erörtern. Jedenfalls schuf sie im Geldbereich vorübergehend eine merkwürdige Gleichheit aller Bürger. Auch ließ sie Waren aus der Versenkung auftauchen, an die man nicht mehr zu denken gewagt hatte.

Wie ich schon gesagt habe, wollte ich neu aufgenommene Tätigkeiten ausdrücklich vorstellen. Eine solche war die im Deutschen Akademikerinnenbund (DAB). 1926 gegründet und bald florierend war er im Dritten Reich bis fast zum Erlöschen zurückgegangen. Denn seine freiheitlich gesonnenen Mitglieder traten lieber aus, als daß sie die auch ihm auferlegte Gleichschaltung (Arierparagraph usw.) mitmachten (48).

Nun wurde er am 19.6. in Berlin neu gegründet. Am 17.6.49 war ich nach Berlin geflogen, um beim 65. Geburtstag von Agnes v. Zahn-Harnack (19.6.) anwesend zu sein, die an diesem Tag zum Marburger theologischen Ehrendoktor promoviert wurde. Gastfreundschaft gewährte mir während meines Aufenthalts die Genetikerin Professor Schiemann. Bei diesem Berlin-Besuch konnte ich nun auch an der Neugründung teilnehmen. In den Tagen 19. bis 21.6. fanden die entscheidenden Sitzungen einschließlich der Statutenberatung statt. Sitz des Bundes wurde allerdings Hamburg, wo die Erste Vorsitzende Emmy Beckmann wohnte.

Das Wiedersehen mit der Vaterstadt, das den Hintergrund des Besuches bildete, war schlimm. M. E. Lüders, die damals in der Westberliner Stadtverwaltung tätig war, lieh mir ihren Dienstwagen für eine Rundfahrt. So zog an mir nun eine Mondlandschaft vorbei, die dem schrecklichen „Witz“ aus den letzten Berliner Kriegsmonaten erst seine Pointe gab: „Wenn de Engländer nu noch wat zerschmeißen wollen, müssen se de Häuser selbst mitbringen.“ Die furchtbare Verwüstung wurde dadurch fast noch eindrucksvoller, daß sich ab und zu rührende Anfänge zu etwas Neuem zeigten, oft mit primitivsten Mitteln. Doch es waren ja nicht nur die Häuser gewesen! Was sich sonst in den Bombennächten abgespielt hatte, das deuteten die schmucklosen Berichte der Gastfreunde zumindest an. Nach Marburg zurückgekehrt habe ich in einem Artikel unseres Ortsblattes mir und den anderen Rechenschaft abzulegen versucht von dem Gesehenen, von der Begegnung mit einer grauenvoll verwüsteten und dennoch unverwüstlichen Stadt. Von den Meinigen sah ich in Berlin nur meinen Bruder Otto, während ich meinen an einer Grippe erkrankten Bruder Hans nicht zu Gesicht bekam. Meine beiden Schwestern aber hatten mich in diesem Jahr kurz in Marburg besuchen können. Ein Wiedersehen besonderer Art hatte ich Anfang August, nämlich eins mit Agnes Miegel. Ich hatte sie 1929 im Hause der ihr befreundeten Frau Link kennen gelernt, hatte sie dann 1930 auf der Durchreise durch Königsberg besucht. Nun traf ich sie ein letztes Mal bei Prof. Ziesemer. Geschrieben haben wir uns zwar auch nach diesem Zeitpunkt bisweilen noch. Zu einem Treffen aber ist es nicht mehr gekommen. In dem ihr gewidmeten Gedächnis-Band „Leben, was war ich dir gut" (1967) habe ich ihr, deren Kunst mich schon früh angerührt hatte, auch meinen Kranz dargebracht. – In diesem Jahr suchte ich nun eine etwas größere Erholung herauszuschlagen, und zwar auf dem Kreuzberg in der Rhön, wo ich mich auch sehr wohl fühlte. Als Kuriosum sei erwähnt, daß ich, um meiner Wahlpflicht für den ersten Bundestag zu genügen, am 14.8. einen Fußmarsch mit anschließender Taxifahrt leisten mußte, bis ich in hessisches Gebiet kam. Denn der Kreuzberg war bayerisch, und mein Wahlschein galt nur in Hessen. Wo ist des Deutschen Vaterland?

In diesem Jahr (49) spann sich das an, was ich in meinem privaten Sprachgebrauch als „gradus ad Parnassum" bezeichne. Bald nach dem Zusammenbruch hatten sich in der Fakultät Kräfte geregt, die meine immer noch so dürftige Position als apl. Professor zu bessern suchten. Ganz abgesehen davon, daß sie meiner wissenschaftlichen Geltung nicht mehr entsprach, wurde sie mit meinem zunehmenden Alter auch recht bedenklich; denn, wer nicht als Beamter das Pensionierungsalter von 65 Jahren erreichte, war auf eine Gnadenpension angewiesen und stand, falls diese wider alles Erwarten nicht bewilligt wurde, auf Wohlfahrt. Ein unmöglicher Zustand, der inzwischen nicht mehr gilt, damals aber noch galt. Hier rächte es sich nun, daß eine Frau, auch wenn ihre Leistungen voll anerkannt waren, in der Regel nicht nach auswärts, d.h. auf eine vorhandene Planstelle berufen wurde, wie das bei den männlichen Kollegen üblich war. Dann aber blieb nur der Weg, durch Sonderbewilligung einer Planstelle seitens des Landtags für sie am Ort eine Sicherung zu erhalten. Selbstverständlich war das ein dornenvoller Weg. Die Fakultät versuchte gleichwohl schon 46, ihn zu gehen. Natürlich bekam ich von dieser Sache Wind und bat den Kollegen Wolff, dafür zu sorgen, daß außer dem üblichen örtlichen Gutachten auch ein auswärtiges erbeten werde, möglichst eins des in der Dialektologie gleichsam klassischen Theodor Frings. Das geschah auch. Zu meiner großen Befriedigung begann das am 4.10.46 an Wolff gesandte (und schon auf S. 41 berührte)

Gutachten von Frings mit dem Satz: „Ich kann sehr kurz sein.“ Es faßte sich denn auch sehr kurz und schloß mit dem Satz: „Geben Sie dem Verdienst die Anerkennung.“ Zu dieser Anerkennung kam es aber damals noch nicht. Woran das gelegen hat, weiß ich nicht. Am guten Willen der Fakultät habe ich keinen Grund zu zweifeln. Am nächsten liegen Geldschwierigkeiten. Doch es möge auf sich beruhen, warum das damals noch nicht gelang. Wie die nunmehr (49) erneut begonnenen Bemühungen der Fakultät verliefen und schließlich endeten, werde ich später berichten.

Von der Neugründung des DAB in Berlin habe ich gesprochen. In diesem Bund habe ich dann mitgearbeitet, und zwar als Leiterin des Hochschulausschusses von 49 bis 57. Als solche hatte ich die Lage der Dozentinnen und Studentinnen zu beobachten. Ich hatte dem Bund darüber zu berichten und die Besserung etwaiger Mißstände durch sein Bemühen anzuregen. Die Berichte gab ich in der Regel auf den Jahrestagungen (Mitgliederversammlungen) des Bundes. Diese waren zwar anstrengend, aber auch herzstärkend. Auf die Arbeit für den Hochschulausschuß, besonders auf die Bemühungen für die Dozentinnen habe ich viel Kraft verwandt, und zwar auch, nachdem ich selber 1952 endlich meinen Lehrstuhl erlangt hatte. Denn Unrecht bleibt Unrecht, auch wenn es einen nicht mehr selbst trifft. Die erste Tagung des DAB nach seiner Neugründung fand 1950 in Bielefeld statt. Ich fuhr natürlich hin. Da ich über diese Tagung, die recht ergiebig war, in der Deutschen Universitätszeitung berichtet habe (5. Jahrgang Nr. 13), beschränke ich mich hier auf wenige persönliche Erinnerungen. Ich wurde genötigt, einen improvisierten Nachruf auf die inzwischen verstorbene Agnes v. Zahn-Harnack zu halten. Zur Vorbereitung hatte ich nur eine Viertelstunde Zeit. Aber es ist mir wohl doch gelungen, auf Grund der wenigen, indes wichtigen Begegnungen, die ich mit ihr gehabt hatte, etwas von ihrem Wesen deutlich zu machen. Sehr schön war der Abschluß der Tagung. Der für diese vorgesehene Schlußausflug zum Hermannsdenkmal im Teutoburger Wald reizte mich nämlich nicht im geringsten. Ich beschloß, statt dessen am Pfingstmontag mit einem Frühbus nach Münster zu fahren und von dort zum Rüschhaus zu wandern. Das in demselben Hotel wie ich wohnende DAB-Mitglied Frau Dr. Junius aus Hannover war mit von der Partie. Der Fußmarsch von Münster nach Rüschhaus war eine sehr schöne Einstimmung auf diesen Besuch, wenn wir uns auch für den Rückweg dann einem Bus anvertrauten. Leider war der Kustos des Rüschhauses, der Kollege Schulte-Kemminghausen, verreist. Doch nahm uns seine Frau sehr freundlich auf. Sie zeigte uns die Droste-Stätten vor der für das Publikum bestimmten Führungszeit. Und sie schenkte uns schließlich sogar einen kleinen Zweig von dem „Gewürzstrauch", den die Droste in ihrem Brief vom 26.4.1840 erwähnt hat. So schieden wir hochbefriedigt. Ja, dieses gemeinsame Unternehmen verband uns in eigentümlicher Weise. – Mit ihrer Kunst und nicht weniger mit ihren Briefen war mir die Droste von Jugend auf eine Lebensbegleiterin gewesen. Die Meersburg, das Fürstenhäusle und den angrenzenden Teil des Bodensees, kurz ihre zweite Heimat, hatte ich schon früher kennengelernt. Nun hatte ich mir auch ihre erste, noch entscheidendere, vertraut gemacht und empfand das als inneren Gewinn.

Die Bielefelder Tagung war nicht die einzige Frauentagung dieses Jahres. Vielmehr hatten amerikanische Frauen zu zwei mehrtägigen Tagungen eingeladen, und zwar für Ende August nach Hattenheim, für Anfang Dezember nach Königstein. Die Hattenheimer Tagung war dabei in erster Linie den Dozentinnen gewidmet. Den Anstoß zu den Tagungen hatte vor allem Miss Woodsmall gegeben, und sie nahm auch an beiden teil. Ruth Woodsmall, eine bekannte amerikanische Feministin, kannte nicht nur die Frauenprobleme der USA, sondern auch die des Nahen Ostens und die Indiens, die sie beide besucht hatte. Sie war eine christlich geprägte Persönlichkeit und eine führende Gestalt in der YWCA. Mc Cloy, der Hochkommissar, hätte sich keine bessere Referentin für Frauenfragen zuordnen können als sie. An so etwas wie eine billige Umerziehung dachte diese Frau nicht. Ich habe sie bei beiden Tagungen schätzen gelernt. Sie erwiderte diese Schätzung und unterließ es auch nicht, mir vor ihrer Rückkehr nach den USA, einen Abschiedsbesuch zu machen (16.3.52). Auch sonst waren „die USA in Deutschland“ aus meinem Gesichtskreis nicht verschwunden. James M. Read, von dem ich schon berichtet habe und der als eine Art kultureller Berater von Mc Cloy tätig war, suchte mich 50 und 51 öfter auf. Er war wohl auch die Ursache dafür, daß ich bei einem Besuch, den Mc Cloy und Frau Marburg am 23. Mai 51 machten, hinzugezogen und beiden vorgestellt wurde. Mc Cloy meinte bei dieser Gelegenheit halb scherzhaft, vor mir müsse man sich wohl ein wenig fürchten. Worauf ich ihm prompt erwiderte: „Nur die Bösen, Herr Hochkommissar, nie die Guten.“ Damit war er zufrieden.

Doch ich kehre zum Jahr 1950 zurück. In seinem Beginn hatte es sehr Schmerzliches gebracht, den Tod meines alten Freundes Wiedhopf. Er war mir stets ein treuer Helfer gewesen, besonders aber während der Krankheit von Emmi Mertes. Von Marburg fuhr mich ein kleiner Sonderzug mit dankbaren Patienten und alten Freunden zur Trauerfeier nach Wiesbaden, ein bei aller Trauer tröstliches Erlebnis. Im Mai bescherte dasselbe Jahr mir überraschend eine Ehrung, nämlich die Wahl zum Mitglied der Historischen Kommission für Nassau. Sie hat mich fast mehr erfreut als 1930 die Wahl zum Mitglied der Historischen Kommission für Hessen. Wußte ich doch inzwischen gut, wie sorgsam diese Kommissionen bei ihren Wahlen vorzugehen pflegen. Daß diese Ehrung auf meine immer noch dürftige Amtsstellung Licht warf, war mir natürlich auch ganz recht.

Das Jahr 51 gehörte noch zu denen, in denen ich von seinem ersten bis zum letzten Tag im Stadtparlament tätig war. Auch sah es mich auf der Jahrestagung des DAB, die diesmal in Stein bei Nürnberg stattfand, wieder unter der vortrefflichen Leitung von Emmy Beckmann. Auf Wunsch der Tagung gab ich dort einen paradigmatisch für wissenschaftliche Frauenarbeit gemeinten Einblick in das eigene Schaffen, genauer gesagt in die Dialektologie. Von Stein nach Marburg nahm mich Frau Dr. Junius mit, die sich von ihrem Sohn abholen ließ. Die auf dem Ausflug nach Rüschhaus geknüpften Beziehungen hatten sich in Stein noch vertieft. – Da mich im Lauf des Jahres Hüftgelenkschmerzen ziemlich gequält hatten, legte ich auf ärztliches Anraten meine Urlaubswochen nach Bad Gastein. Mit einem Attest des Marburger Gesundheitsamts erlangte ich die dafür nötigen und damals noch der Bewilligung bedürftigen Devisen. Die Kur erwies sich als sehr nützlich. Zugleich bekam ich wie einst in Meran einen

Eindruck von der Welt des Hochgebirges. Die Gasteiner Ärztin hatte mir wegen des Höhenunterschiedes Gastein/Marburg einen Zwischenaufenthalt in Bayern angeraten. Ich wählte dafür Prien am Chiemsee und freute mich auch an dessen Schönheit. Einigermaßen erholt kehrte ich heim.

Die Erholung erwies sich als sehr angebracht. Denn vom Herbst 51 bis in das Frühjahr 52 ging eine höchst umfängliche und ohne jede Rücksicht durchgeführte Bauerei auf der unbebauten Seite der Friedrich Naumann-Straße vor sich. Es handelte sich um Häuser für französische Heeresangehörige. Als zu der Rücksichtslosigkeit des Bauens dann noch dauerndes Pumpen hinzutrat, da sich im Gelände eine Wasserquelle gezeigt hatte, entstand eine fast unerträgliche Belästigung für die Nachbarn. An Schreibtischarbeit war dabei nicht mehr zu denken. Ich zog zunächst in eine Pension und hatte dann insofern Glück im Unglück, als mir die Frau des Kollegen Nobel am 2.11. bei sich ein Ausweichstübchen anbot. Ihr Mann sei auf Forschungsreise, und so würde ein Untermieter nicht stören. Damit war ich selbst so halbwegs dem Krach entronnen. Aber meine armen Mitbürger auf der Naumannstraße fielen mich nun an, da ich doch ihre Stadtverordnete war. Ihre Kinder könnten nicht mehr Schularbeiten machen und ließen in den Leistungen nach u.s.w., u.s.w. Ich erreichte auch, daß der Oberbürgermeister daraufhin an die zuständige französische Behörde schrieb. Sie antwortete halbwegs höflich, ein Einschränken des Baukrachs ließe sich leider nicht zusagen, da die Sache „urgent“ sei. Sie war so „urgent", daß die Häuser nach Fertigstellung noch längere Wochen leer standen. Doch das nur als Randbemerkung.

Im übrigen hatte das Jahr Freud und Leid gebracht. Am 27.1. hatte ich den 60. Geburtstag gefeiert und dabei viel Freundliches erfahren. Besonders freute mich der Besuch meiner Schwester Marie. Am Morgen des 27. stand sie ganz unerwartet in meiner Stube, angetan als „Blumenrieke vom Potsdamer Platz“. Gefreut hat es mich auch, daß mein Neffe Dankmar, der Sohn von Marie, bald darauf sein Examen als Diplomphysiker bestand. Doch auch der Tod hatte sich in diesem Jahr gemeldet durch das Hinscheiden von Ida Freudenberg. Wir hatten uns nach 45 nicht mehr gesehen. In einem der reizenden Briefe, die sie nach 45 geschrieben hatte,

hatte sie mir noch das „Du“ angetragen, und zwar ganz auf ihre Art. „Wir haben", so etwa schrieb sie, „nun doch einen Scheffel Salz miteinander gegessen, attisches Salz natürlich. Wie wäre es, wenn wir zueinander Du sagten?“ Gern schlug ich brieflich in die dargebotene Hand ein, die ich leiblich nie wieder fassen konnte.

Das Jahr 52 brachte bald einen Trauerfall. Am 27.1., meinem 61. Geburtstag, wurde meine liebe alte Frau Link heimgerufen. Sie war schon länger leidend, und so mußte man ihr die Erlösung wünschen. Und doch endete damit wieder ein Stück wertvollen gemeinsamen Lebens. Ich ging am 27. ziemlich früh hin, um sie noch einmal zu sehen, und schloß daran einen Besuch bei der Friedhofsverwaltung, um dort etwas wegen der Grabstelle abzumachen. Als ich von diesen Gängen heimkehrte, stand vor meiner Haustür ein kleiner Studentenchor, der mir ein Geburtstagslied singen wollte. Ich nahm sie zu mir hinauf und ließ mir von dem Geschehenen möglichst wenig anmerken. Das Leben hat mitunter eine seltsame Regie.

Im April 1952 endete mein Stadtverordnetenmandat. Ganz entließ mich die FDP allerdings noch nicht aus der kommunalpolitischen Arbeit. Wohl oder übel erklärte ich mich bereit, für sie die nächste Wahlzeit über (52-56) noch als „sachkundige Bürgerin“ in der Kulturdeputation mitzuwirken, wo ich mich dann besonders des Marburger Schauspiels annehmen konnte. Aber gegen die Stadtverordnetentätigkeit gehalten, war das ein kleiner Fisch. Freilich schwammen neben ihm noch immer verschiedene Dauerfische, so z. B. die Arbeit für den DAB. – Die sechs Jahre waren schwer gewesen, wie ich das ja schon angedeutet habe. Und so hatte ich denn auch einmal in meinem kleinen Tagebuch Psalm 91,6 auf die Sitzungen angewandt; er spricht nämlich von der „Pestilenz, die im Finstern schleicht“. Ja, 1951 steht in besagtem Tagebuch einmal ganz schlicht „Pereat Post“. Und doch blickte und blicke ich auf diese Zeit wie auf eine Art bestandener Prüfung zurück. Ich hatte aus der in Deutschland so beliebten politischen Lethargie herausgefunden und nach besten Kräften zugefaßt, wie ich mir das versprochen hatte (s. S. 59). Mir war ganz klar geworden, welch ein ungeheueres Politikum die sogenannte unpolitische Haltung, auch die meiner Kollegen, ist und war, und daß sie bei der Mittellage Deutschlands ganz unvertretbar ist. Der Glaube an einen Ausspruch von Jaspers „Die Tiefe des öffentlichen Tuns liegt in seiner Nüchternheit“ war mir in die Hand gekommen. Und noch etwas war mir klar geworden, daß nämlich der kommunalpolitische Bereich ein dankbares Feld für die Mitarbeit der Frauen ist. Sie können dort mit ihrem praktischen Sachverstand Gutes leisten. Sollten aber die Familienverhältnisse ein Mehr an politischer Arbeit erlauben, dann haben sie dort eine gute Vorschule durchgemacht. Übrigens unterließ ich es nicht, vor dem Ende meines Mandats beim Rektor vorzusprechen und ihm darzulegen, daß bei der engen Verflechtung von Stadt- und Universitätsangelegenheiten unbedingt wieder ein Mitglied des Lehrkörpers im Stadtparlament mitarbeiten müsse. Es fand sich denn auch wirklich eins.

Auch in diesem Jahr richtete ich es so ein, daß ich die Jahrestagung des DAB im Herbst mitmachte. Sie fand diesmal in Göttingen statt. Mir oblag es, dort über das Thema Hochschulreform zu sprechen (49). Die Grundlage dafür lieferten mir in erster Linie die Ergebnisse der Hochschulreform-Konferenz, die 1952 in Hinterzarten stattgefunden hatte und die ich in anderem Zusammenhang noch einmal berühren muß. Daß die Hochschule „semper reformanda“ ist, war mir im Lauf meiner Dozententätigkeit immer deutlicher geworden. Auch meine persönlichen Schwierigkeiten als Dozentin habe ich stets in diesem größeren Rahmen gesehen. Manches von dem, was ich in Göttingen vortrug, ist dann später gebessert worden, so die völlig unsichere Lage der Nichtordinarien und – durch das Honnefer Modell – die wirtschaftlichen Nöte der Studierenden. Anderes aber, was ich in Göttingen beklagte, ist leider nicht bebessert worden. Das gilt von der mangelnden Erziehung der Studierenden zu politischem und sozialem Verantwortungsbewußtsein durch erzogene Erzieher. Zu dem, was wir seit 1968 erleben, hat auch das beibetragen!

Ein merkwürdiges Ereignis vollzog sich in Marburg zu Anfang des Jahres: ich bekam eine gleichaltrige Kollegin. Elisabeth Blochmann wurde von Oxford nach Marburg berufen auf den hier neu errichteten Lehrstuhl für Pädagogik. Am 17.1. kreuzten sich unsere Wege das erstemal. So sehr mich ihre Berufung auch freute und so sehr ich in ihr in vielem eine natürliche Verbündete sah und auch fand, wir mußten uns doch erst etwas aufeinander einspielen. Denn wir waren nicht nur im Wesen ziemlich verschieden, sondern hatten auch recht verschiedene Lebensläufe hinter uns. Frau Blochmann hatte in Oxford unter Kolleginnen gelebt; ich aber war über 22 Jahre die einzige Dozentin gewesen und in diesem Bereich daher etwas einzelgängerisch geworden. Um das Ergebnis hier gleich vorauszunehmen, darf ich sagen, daß wir uns miteinander eingelebt haben. Frau Blochmanns in England geschultes demokratisches Bewußtsein aber habe ich von Anfang an als eine wirkliche Bereicherung empfunden, für mich und auch andere.

Das Jahr sollte nicht zu Ende gehen, ohne kraft jener seltsamen Duplizität der Ereignisse Marburg eine zweite Lehrstuhlinhaberin zu bescheren. Ich habe schon gesagt, daß die Fakultät sich 46 um eine Besserung meiner Position bemüht hatte, und habe auch berührt, daß sie diese Bemühungen 49 wieder aufnahm (s. S. 76). Da sie jetzt, im Jahre 52 ihren Abschluß fanden, sei auf die Jahre 49-52 zusammenfassend zurückgeblickt.

Die Fakultät hatte am 20.5.49 für 49 den Antrag gestellt, man möge die von mir innegehabte Diätendozentur für meine Person in ein beamtetes Extraordinariat umwandeln, das nach meinem Ausscheiden wieder als Diätendozentur anfalle. Dieser Antrag wurde ebenso abgelehnt wie der im Sommer 49 wiederholte Antrag für das Jahr 1950. Auf den Antrag für 1951 erfolgte nicht einmal eine förmliche Ablehnung. Trotzdem stellte die Fakultät im Herbst 51, d. h. zum viertenmal, den Antrag, nunmehr für das Jahr 1952. Schon Anfang 51 hatte sie sich in einem Brief an das Kultusministerium sehr deutlich geäußert: es sei ihr dringender Wunsch, daß mir endlich die Stellung gegeben werde, die mir nach meinen Verdiensten um die Philipps-Universität zukomme und die Außenstehende längst als selbstverständlich für mich voraussetzten. Auch die Rektoren Albrecht und Benninghoff hatten sich über ihre unmittelbare Amtspflicht hinaus mündlich für mich eingesetzt. Das erste Vierteljahr 52 war schon vorbei, ohne daß sich ein Silberstreif zeigte. Als ich schon nicht mehr mit ihm rechnete und für diesen Fall entschlossen war, die Fakultät im Blick auf ihre wie auf meine Würde um den Verzicht auf jeden weiteren Schritt zu bitten, geschah das Erstaunliche, daß der Landtag die Stelle bewilligte. Eine wichtige Rolle hatten dabei die Bemühungen der MdL Frau Pitz und Frau Horn gespielt, die mit Nachdruck auf meine ungerechtfertigte Dauerzurücksetzung als Frau hingewiesen hatten. Als am 28.6. der Kultusminister Metzger zur Feier der Universitätsgründung nach Marburg kam und dabei auch meinen Weg kreuzte, sagte er mir, die Stelle sei bewilligt und die Ernennung würde auf den 1.4.52 datiert werden (damit lag sie dann noch drei Monate früher als die auf den 1.7. datierte von Frau Blochmann). Ich kann eigentlich nicht sagen, daß ich mich darüber aus freiem Herzen gefreut habe. Dafür war das Hin und Her von 49 bis 52 zu unerquicklich, ja zu bitter gewesen. Aber ich war natürlich erleichtert, daß ich jetzt nicht mehr nach dem allmählich in Sicht tretenden 65. Geburtstag mit einer Gnadenpension abgefunden werden konnte. Auch bekam meine Arbeit endlich dadurch den für sie nötigen Hintergrund an äußerer Sicherheit. Wie gedämpft im übrigen meine Freude war, zeigt am besten der Eintrag, den ich am 28.6. in mein von Dichterzitaten sonst freies kleines Tagebuch schrieb: „Wer spricht von Siegen? Überstehen ist alles.“ (Rilke) Eine reine Freude war mir dagegen, daß die Marburger Nichtordinarien-Vereinigung, aus der ich gemäß den Statuten als Mitglied ausscheiden mußte, die Statuten um einen Paragraphen über Ehrenmitglieder ergänzte und mir am 26.11. die erste Ehrenmitgliedschaft antrug. Sie wußten, daß ich ihre Nöte nicht beiseiteschieben würde, weil ich selbst endlich davon befreit war.

Ehe ich den Sommerurlaub antrat, sah ich beide Auerbachs wieder, die Ende Juli Marburg besuchten. Ein wie seltsames Wiedersehen das war, brauche ich nicht zu sagen. Besagter Urlaub führte mich erst in den Schwarzwald, dann über Freiburg/Br., wo ich meine Schwester Marie wiedersah, und schließlich für sieben Tage nach Grindelwald. Wegen eines kleinen Unfalls mußte ich von diesen Tagen drei im Bett zubringen. Den Tag über ließ ich das Fenster weit öffnen und betrachtete immer wieder die genau in seinem Rahmen stehende Eiger-Nordwand. Nach drei Tagen hatte sich mir dieses mächtige Bild tief eingeprägt, und ich bin ziemlich sicher, daß das ein größerer Gewinn war, als drei Tage mit beliebigen Spaziergängen gewesen wären.

Vor Schluß des Jahres wurde mir noch etwas aufgepackt, mit dem ich nicht gerechnet hatte. Ich mußte im Oktober als Hilfsgeschworene in das Marburger Schwurgericht einrücken. Da ich Hilfs geschworene war, wurde ich nur im Aushilfsfall herangezogen. Doch handelte es sich in allen drei Fällen um Kindsmorde. Diese Fälle machten mir ziemlich zu schaffen. In mindestens zweien von ihnen hatten die verworrenen Zeitverhältnisse eine wichtige Rolle gespielt, so daß man durchaus geneigt sein konnte, den größeren Teil der Schuld den unglückseligen Gestirnen zuzuschreiben. Was konnten die Wohlbehüteten dafür, daß sie nicht auf der Anklagebank saßen? Und weiter: soll die Strafe Sühne sein oder aber Erziehung? Etwas von dem schweren Amt der Strafjustiz ging mir auf, und ich verstand, daß mancher Jurist statt in sie lieber in die Verwaltung eintrat. Ich habe manches gelernt aus dieser Tätigkeit, in der ich mich nach besten Kräften nützlich zu machen suchte. Dennoch war ich froh, daß sie 1954 endete.

Im Folgejahr (53) leistete ich mir nach Abschluß des reichlich vollen Wintersemesters etwas, das ich meiner europäischen Bildung schon lange schuldig war und reiste Ostern für eine Woche mit einer Reisegesellschaft nach Paris. Im letzten Moment schloß sich die Kollegin Schimmel noch an. Es war eine Reisegesellschaft, die den Reisenden Devisen und Zimmer stellte, ihnen im übrigen aber ganz freie Hand ließ. Natürlich konnte es sich nicht darum handeln, in diese Woche ein Vielerlei hineinzustopfen; sie mußte vielmehr mit wenigen, doch wichtigen Eindrücken gefüllt werden. Das aber gelang. Zum Schluß bewerkstelligte ich sogar noch einen Ausflug nach Chartres. Frau Schimmel benutzte denselben Tag zur Besichtigung einer höchst lohnenden Ausstellung von orientalischen Handschriften, die Paris gerade bot. Als wir am Abend wieder zusammentrafen, wußte jede von uns der anderen das Gesehene nicht genug zu rühmen. Eine eigentümliche Note bekam der Besuch für mich auf der nächtlichen Hinfahrt nach Paris und der gleichfalls nächtlichen Rückfahrt nach Frankfurt. Denselben Weg, den ich im bequemen Zug zurücklegte, waren meine hugenottischen Vorfahren einst unter Gefahr und Nöten gezogen. Das stand mir lebhaft vor Augen.

In der Universität traten in diesem Jahr zu den Fakultätssitzungen ab Mai Sitzungen besonderer Art. Die Studentenzeitschrift „Marburger Blätter“ bat mich, als Vertrauensdozentin in ihre Redaktion einzutreten, und zwar mit beratender Stimme. Ich sagte zu und hatte nunmehr in den sieben Monaten, in denen die Semester liefen, zu den Sitzungen zu erscheinen. Sie fanden in dem ausgedienten Kohlenkeller eines sehr rumpeligen Hauses statt. Von der Decke hing eine schirmlose Glühbirne herab, die die Mitte des Kellers und den dort stehenden Schreibtisch der Redaktion grell beleuchtete, während ihr Licht nach den Seiten zu verdämmerte. Alles in allem hätte es sich gut und gern um das Lokal eines Untergrundblattes handeln können. Ich nahm meist in der dämmrigen Zone Platz und hielt mich zurück, bis die beschließenden Stimmen sich geäußert hatten. War das geschehen, dann griff ich im Bedarfsfall beratend ein und fand zumeist auch offene Ohren. Gelegentlich habe ich auch kleine Artikel in das Blatt gegeben. Als ich Ende 58 aus Gesundheitsgründen die beratende Mitwirkung niederlegte, da bestätigten mir die mit Anerkennung sehr sparsamen Marburger Blätter, meine Mitarbeit habe gezeigt, „daß ein Gespräch zwischen Professor und Student, eine Zusammenarbeit zwischen Universität und Studentenpresse möglich und erfolgreich sein kann“. Für „diese immerhin seltene Erfahrung“ dankten sie mir (50). Wäre sie nur weniger selten gewesen! Wieviel ich selbst bei diesem engen Zusammenwirken mit einem lebendigen Teil der Studentenschaft gelernt habe, brauche ich kaum hinzuzufügen.

An Tagungen fielen in dieses Jahr zwei wichtige, von denen die eine etwas ungewöhnlich war. Man bat mich, auf der Würzburger Tagung der Katholischen Deutschen Studenteneinigung im August vor den Studentinnen über Hochschulreform zu sprechen. Meinen Einwand, daß ich ja schließlich evangelisch wäre, ließ man nicht gelten. So nahm ich denn an und hielt das erbetene Referat, bei dem außer den Studentinnen auch verschiedene Studentenseelsorger zugegen waren, überwiegend Jesuiten. Auch zu der Schlußresolution konnte ich beitragen, und zwar mit einigen sehr einleuchtenden Sätzen der bekannten Konvertitin Edith Stein, die ich mir für diesen Zweck bereitgelegt hatte. Ich denke an diese Tagung und ihre aufgeschlossene Haltung gern zurück. Da ich nun doch einmal in der Würzburger Gegend war, beschloß ich, auch den fälligen Urlaub dort zu verbringen und wählte dafür den Spessartort Haigenbrücken. Auf der Reise Würzburg – Haigenbrücken spielte sich eine der hübschesten Anekdoten meines an solchen nicht armen Lebens ab. So sei ihr denn Raum gegeben. Ich hatte, da der Zug voll war, ausnahmsweise 2. Klasse gelöst. Als ich dort einstieg, saß im Abteil ein gepflegtes älteres Ehepaar. Er las Zeitung, sie musterte mich prüfend und sagte dann: „Haben Sie 2. Klasse?"

Der leisen Regung, ihr umgehend eine kleine Abfuhr zu erteilen, widerstand ich. Ich verstaute mich und mein Köfferchen in die ihr gegenüberliegende Ecke und sagte dann sehr ruhig: „Ich habe zweiter und ich bin erster." Worauf sie sehr verlegen wurde. – Der Ort Haigenbrücken war ausgesprochen katholisch; er besaß sogar eine Lourdes-Grotte. Hatte ich auf der Würzburger Tagung katholisches Akademikertum kennengelernt, so bekam ich hier einen kleinen Einblick in katholische Volksfrömmigkeit. Beides ergänzte sich gut.

Die zweite wichtige Tagung fand Anfang Oktober in Honnef statt. Dort war der Vorstand des DAB zusammengetreten, und er hatte auch die Vorsitzenden der Ausschüsse dorthin eingeladen. Es war eine reine Arbeitstagung, und zwar eine ergiebige. Sehr wichtig war, daß auf ihr die vom DAB herausgegebene Statistik von Prof. Charlotte Lorenz vorgelegt werden konnte mit dem Titel: „Entwicklung und Lage der weiblichen Lehrkräfte an den wissenschaftlichen Hochschulen Deutschlands". Mit Hilfe des Frauenreferats des Bundesinnenministeriums (Dr. Karsten) gedruckt, zeigte diese Statistik in völlig schlüssiger Weise und mit den nötigen Vergleichsblicken auf das Ausland die ungerechtfertigte Zurücksetzung der deutschen Dozentinnen (51). Schon zwei Jahre später sollte sie mir gute Dienste leisten auf einer wiederum in Honnef stattfindenden Tagung.

Auch das Jahr 53 brachte allerlei Wiedersehen und Begegnungen, so den Besuch meiner Schwester Marie und ein kurzes Wiedersehen mit dem mehrfach erwähnten James M. Read. Wenn ich nicht irre, hatte er mir kurz vorher brieflich das Du angeboten, und zwar mit dem schönen Fragesatz: „Darf ich Du zu Sie sagen?" Er durfte. – Sodann suchte mich im Mai überraschend eine alte

Schulgenossin von den Berliner Gymnasialkursen her auf: Lotte Menz, verehelichte Viëtor. Sie war mit Mann und Tochter aus der Ostzone nach Marburg übersiedelt, wo ihr Schwiegervater W. Viëtor einst Anglist gewesen war. Daß ich ihr beim Sicheinleben in die neuen Verhältnisse in manchem helfen konnte, war mir lieb. Das um so mehr, als sie es an sich selbst nicht fehlen ließ, sondern die Ihren mit viel Mut auch durch schwere Lagen hindurchzusteuern verstand. An ihrer mit viel Charme verbundenen Klugheit habe ich mich immer wieder gefreut. Und ihren Heimgang im Jahre 64 habe ich aufrichtig betrauert. Es ist übrigens nicht gleichgültig, ob man jemand die drei Schaufeln auf seinen Sarg wirft oder nicht. Da ich wegen einer Erkrankung ihrem Begräbnis fernbleiben mußte, ist sie für mich auch heute noch nicht wirklich tot, sondern nur wie in ein fernes Land gereist.

Sehr überraschend kam im Herbst die Bekanntschaft mit Marianne Hoppe, die beim Marburger Schauspiel als Gast die Antigone spielte. Sie spielte sie so kraftvoll und eindringlich, daß ich mich in meine Jugendjahre mit ihren nachhaltigen Theatererfahrungen zurückversetzt fand. Im Anschluß an die erste Aufführung fand am 22.9. ein Beisammensein in kleinerem Kreise statt. Wegen meines ständigen Eintretens für das Marburger Schauspiel im Stadtparlament und auch sonst hatte man auch mich dazu eingeladen und neben Frau Hoppe gesetzt. Sie weckte sofort als Mensch wie als Künstlerin mein lebhaftes Interesse. Aber auch ich schien für sie ein interessanter Fall zu sein. So haben wir uns denn während ihres Marburger Gastspiels noch zweimal getroffen. Einmal habe ich ihr das Schloß gezeigt, und einmal machte sie mir einen Abendbesuch. Sie erschien bei mir mit verschmitztem Gesicht und erklärte, sie habe für diesen Abend ihre Spuren verwischt wie ein Indianer, um ruhig und telefonlos bei mir sein zu können. Als ich ihr im Lauf des Abends einen Einblick in meine Wörterbucharbeit gab, tat sie den hübschen und zutreffenden Ausspruch, auf dieser Art Arbeit „liege kein Staub“. Dazu, daß das nicht unsere letzte Begegnung war, später ein Wort.

Nachdem ich den Lehrstuhl erlangt hatte, strebte ich nach weiterer Konsolidierung meiner Verhältnisse. Ich wollte gerne eine Wohnung haben, aus der man mich nicht herauskündigen konnte, und eine zuverlässige Frau finden, die mich hauptamtlich versorgte und nicht nur nebenamtlich. Schließlich hatte ich ja auch die Sechzig hinter mir. Zu einem Häuschen konnte ich meine Augen nicht erheben. Aber Teileigentum an einem Zweifamilienhaus war beim Zusammenscharren aller Ersparnisse und bei Aufnahme eines Darlehens wohl doch möglich. In der Tat fand sich eine Partnerfamilie. Freilich reichten meine Mittel auch bei äußerster Anspannung nur für den Mansarden stock; der erste Stock und das Erdgeschoß ging an besagte Familie. Doch Mansarden hatten mir eigentlich immer ganz gut gefallen. So war ich einverstanden. Das Richtfest war am 27.10. In die Wohnung sollte ich noch vor dem 1.7.54 einziehen können. Die seit 34 Jahren bestehende Wohngemeinschaft mit dem Wörterbuch (s. S. 42) mußte nun freilich enden. Sie konnte es aber auch, da ihm für den Sommer 54 zwei universitätseigene Räume zugesagt wurden. Die hatten zudem den Vorteil, anderen verwandten Instituten näher zu liegen als die bisherige Unterkunft.

Das Jahr 54 brachte dann die beiden Umzüge, um dies gleich anzuschließen. Am 12.6. kam der des Wörterbuchs, der mit Zettelkästen, Stößen von Fragebogen, Akten usw. ziemlich umwerfend war. Doch hat mein bewährter Mitarbeiter Dr. Kroh mit einigen Hilfskräften mir diese Mühsal dankenswerterweise fast ganz abgenommen. 14 Tage später erfolgte dann der persönliche Umzug, der mit zahlreichen Bücherkisten usw. auch alles andere als ein Labsal war. Indes fand ich auch hier viel Beistand, besonders den meiner eigens zu diesem Zweck zugereisten Schwester Marie. Schließlich befand sich das Wörterbuch mit allem Zubehör im Seminargebäude Am Plan 2 und ich mich in meinem Mansardenstock. Doch war ich dort nicht mehr allein. Denn die zuverlässige Frau war in der Person von Frau Margarethe Krause, einer Schwägerin von Professor Mitzka, gefunden. Sie war aus dem Osten nach dem Westen übersiedelt und dort zunächst ohne Beschäftigung. So beschlossen wir beide, es miteinander zu versuchen. Nach einer Periode des Eingewöhnens ging es mit uns recht gut, und ich darf heute (1969) sagen, daß ich mir Frau Krause nicht mehr aus meinem Haushalt fortdenken kann und nicht nur aus ihm allein.

Meine Tätigkeit am Schwurgericht endete in diesem Jahr. Aber, abgesehen davon, daß ja vieles weiterlief wie z. B. die Sitzungen der Fakultät, die der Kulturdeputation usw., stieg auch etwas Neues herauf, und zwar gegen meinen Willen. Ich wurde nämlich FDP-Abgeordnete in der Verbandsversammlung des Landeswohlfahrtsverbandes Hessen. Dieser hat alle überörtlichen Fürsorgeaufgaben Hessens wahrzunehmen. Unbedachterweise hatte ich mich von der FDP auf die entsprechende Liste setzen lassen, nachdem man mir versichert hatte, nur mein Vordermann käme noch heran. Der aber wurde dann in die Exekutive gewählt, und so mußte ich nachrücken. Das bedeutete, daß ich mehrmals im Jahr zu den Sitzungen der Verbandsversammlung reisen mußte, die in verschiedenen Orten Hessens stattfanden, vornehmlich in Kassel. Die Arbeit in dem „Sozialen Parlament Hessens", wie sich die Verbandsversammlung gern nannte, war sehr anders als die im Stadtparlament. Sie gab in manchem einen weiten Blick, doch sie war nicht annähernd so lebensnah wie die in diesem. Wohl wurde gelegentlich eine der Anstalten des Landeswohlfahrtsverbandes besichtigt. Zumeist aber erfuhr man von ihnen nur durch Berichte und durch die Bewilligungen des Etats. Auch hier war für mich sachlich manches zu lernen. Meinerseits suchte ich mich dadurch nützlich zu machen, daß ich der Sprachform des recht reichen Schriftverkehrs Aufmerksamkeit zuwandte. Klarer und deutlicher Ausdruck, so argumentierte ich, erleichtere die Arbeit sehr. Und schließlich war ich ja nicht umsonst, was ich hier nachträglich berühre, in der Gesellschaft für Deutsche Sprache seit ihrer Gründung 1947 an entscheidenden Stellen tätig gewesen. Als Kuriosum sei erwähnt, daß der Präsident der Verbandsversammlung, als er mich am 23.1.54 einführte, befriedigt äußerte, daß nun das Gleichgewicht der Geschlechter hergestellt sei. Es bestand in 44 Männern gegenüber mir als einziger Frau.

Der DAB hatte in diesem Jahr seine Jahrestagung in Freiburg/Br. Als ich auf dieser Tagung, die übrigens ein sehr reichhaltiges Programm hatte, über meinen Hochschulausschuß und also auch die Dozentinnen berichtete, konnte ich nun auch dem Mitgliederkreis die Lorenzsche Statistik vorstellen (s. S. 84). Im übrigen schob ich dieser Tagung zwei Wochen Sommerurlaub in

Königsfeld vor und hängte ihr einen Besuch bei meiner Schwester Marie in Freiburg an. An wichtigen menschlichen Begegnungen brachte das Jahr noch ein zweites Wiedersehen mit Auerbachs. Es war das letzte vor Auerbachs Tode 1957.

Neue laufende öffentliche Verpflichtungen brachte das neue Jahr glücklicherweise nicht; es war auch an den vorhandenen reichlich genug. Auch der Vorstandssitzung des DAB in Sankelmark konnte ich diesmal aus irgendwelchen Gründen nicht beiwohnen. Und doch ergab sich im Herbst eine gute Gelegenheit, im Sinn des DAB zu wirken. Schon 52 hatte, wie ich bereits berührt habe (s. S. 80), in Hinterzarten eine Hochschulreform-Konferenz stattgefunden. Eine Dozentin hatte man dazu nicht geladen. Daraufhin schrieb ich der treibenden Kraft dieser Konferenz, d. h. Professor Tellenbach in Freiburg/Br., den ich noch von seiner Gießener Zeit her kannte, namens des Hochschulausschusses einen reichlich befremdeten Brief. Ich regte an, bei etwaigen weiteren Konferenzen auch Dozentinnen heranzuziehen. Tellenbach ließ meine Beschwerde denn auch gelten. Als nun eine zweite Konferenz dieser Art für den 18. bis 22.10. nach Honnef einberufen wurde (man nennt sie aber nicht selten „Hinterzarten II"), erinnerte ich Tellenbach an meinen Beschwerdebrief. Daraufhin wurde ich eingeladen und außer mir die Münchener Betriebswirtschaftlerin Professor Liesel Beckmann. Während Hinterzarten I sich mit einem breiten Problemkreis beschäftigt hatte, beschränkte sich Hinterzarten II absichtlich auf zwei Themen, die es in zwei getrennten Abteilungen behandelte: auf Fragen des Lehrkörpers, speziell Nachwuchsfragen, und auf die materielle Hilfe für die Studenten. Frau Beckmann ging in letztere Abteilung. Nicht zuletzt dank ihrer sachkundigen Mitwirkung ist dort das sogenannte Honnefer Modell ausgearbeitet worden. In meinem Nachruf auf die zu früh Hingeschiedene habe ich das denn nach zehn Jahren auch erwähnt (Informationen für die Frau, Okt. – Heft 1965).

Meinerseits ging ich in die andere Abteilung und meldete mich bei Tellenbach, dem Verhandlungsleiter, für den Punkt Nachwuchsfragen zum Wort. Ich mußte mir vor dieser Meldung einen erheblichen Ruck geben. Denn außer Tellenbach kannte ich kaum jemand in diesem Kreis. Dazu ist man mit Klagen und Beschwerden im allgemeinen wenig willkommen. Doch ich gab mir den Ruck, und so ging es. Gestützt auf die Lorenz'sche Statistik, die dieser reformfreudige Kreis kannte, und auf eigene Beobachtungen, in die ich aber meine persönlichen Schwierigkeiten absichtlich nicht einbezog, zeichnete ich die ungerechte Behandlung der deutschen Dozentinnen kurz, aber mit Nachdruck. Ich schloß mit der kühnen Behauptung: fiat iustitia et floreat mundus. Als ich geendet hatte, sprang Tellenbach mir bei und sagte, ich wolle meine „sehr eindrucksvollen“ Ausführungen doch zweifellos in eine Empfehlung münden lassen. Die formulierten wir dann gemeinsam so:

"Wo geeignete weibliche Hochschullehrer zur Verfügung stehen, sollten die Fakultäten auch sie für die Besetzung des Lehrstuhls in Erwägung ziehen.“

Die Konferenz nahm diese Empfehlung ohne Aussprache an. Doch mußte sie gleich den anderen Empfehlungen der Konferenz, um wirksam zu werden, von der 34. Westdeutschen Rektorenkonferenz gebilligt werden. Das ist dann freilich auch geschehen, wie dies „Mitteilungen des Hochschulverbandes“ 3,182 zeigen. Meines Wissens ist das das erste und einzige Mal, daß eine Westdeutsche Rektorenkonferenz einen Antrag zugunsten der Dozentinnen angenommen hat. Reichlich abgekämpft, aber doch mit gewissen Erfolgen zogen Frau Beckmann und ich von dieser Konferenz heim, die uns einander menschlich nähergebracht hatte. Einen kurzen Rückblick auf sie gab ich in „Mädchenbildung und Frauenschaffen“ 6,549.

Die Sommerpause dieses Jahres verbrachte ich wieder in Bad Gastein, und zwar aus eben den Gründen wie 51. Diesmal war ich mit Devisen nicht so beengt, und so schob ich vor die Kur einige Tage Wien. Es schien mir an der Zeit, daß eine Altgermanistin endlich einmal Wien zu sehen bekam. Wie in Paris suchte ich auch dort den wenigen Tagen einige wichtige Eindrücke abzugewinnen, und das gelang auch. Daß ich nun endlich auch die alte Kaiserkrone zu sehen bekam, die bei Walter von der Vogelweide und in seiner Zeit eine solche Rolle gespielt hat, versteht sich von selbst. Wie 51 machte ich auch diesmal auf der Rückreise einen kurzen Zwischenaufenthalt in Prien am Chiemsee. Der bekam allerdings einen kleinen Sonderakzent. Mir fiel ein, daß Frau Hoppe unweit von Traunstein, also auch nicht weit von Prien, ihr Häuschen habe. Ich rief sie an, und sie lud mich ein. Wir waren uns gleich wieder so sympathisch wie bei dem Marburger Zusammentreffen. Dadurch, daß ich sie nun auch in ihrem für sie sehr kennzeichnenden Heim gesehen hatte, vertiefte sich noch die Beziehung. Seit diesem Besuch schicke ich ihr allweihnachtlich irgendeine kleine, aber genau überlegte Gabe mit einigen Begleitzeilen. Und sie hat dies bisher auch stets erwidert.

Ich machte allerdings nicht nur Besuche, sondern bekam auch welche, so z. B. den der Kollegin Savelsberg und – aus alter Anhänglichkeit – den von Read, schließlich auch den meiner Schwester Marie. Daß auch in diesem Jahr wie in all den Jahren vorher die Wörterbucharbeit einschließlich der Publikation weitergelaufen war, versteht sich von selbst. Daneben hatte ich unter anderen Aufsätzen einen für die Zeitschrift „Orbis“ geschrieben, der das, was ich über Wortgeographie im Wörterbuch zu sagen hatte, auf Grund langjähriger Erfahrungen und vertiefter Einsichten noch einmal zusammenfaßte (s. S. 35). Er ist mir bis heute wichtig geblieben.

Das Jahr 56 brachte im Januar meinen 65. Geburtstag, dem ich aus mancherlei Gründen nicht gut entfliehen konnte. Wieder leistete Marie die nötige Hilfsstellung, so daß er sich so einigermaßen bewältigen ließ. Nach dem Kolleg, in dem meine Hörer mich mit geistlichem Gesang und Blumen begrüßten, gab ich einen kleinen Empfang in der alten Mensa in der Reitgasse, auf dem sich das Offizielle abspielte. Allzu offiziell war es übrigens erfreulicherweise nicht. Auch Professor Schwinge, der mir im Auftrag des verreisten Rektors gratulierte, fand dabei einen sehr persönlichen Ton. Das einzige Bedenkliche war der Empfangsraum. Als man ihn mir zur Verfügung stellte, hatte man warnend bemerkt, daß hoffentlich nicht zuviel Menschen auf einmal kämen; sonst könnte in dem schon recht verbrauchten Haus der Boden nachgeben. Nun, er gab also nicht nach. Immerhin galt auch für diesen Geburtstag der Spruch: „Lebe gefährlich!“ – Der Nachmittag war den persönlichen Bekannten gewidmet, vor allem denen aus den Frauenorganisationen. Ich hatte dafür ein Sälchen in einem Café gemietet. Die

Erschienenen wurden leiblich mit rund 100 Tassen Kaffee bewirtet und geistig mit einer von Marie verfaßten Hobelbank. Mit Faustskizzen und zugehörigen Versen schilderte sie anhand einst von mir getragener und treu in ihrem Gedächnis bewahrter Hüte! meinen Lebensweg. Der Tag hatte mir viel freundliche und ehrende Anerkennung gebracht. Ich glaubte, sie in dem Sinne aufnehmen zu sollen, in dem ich auch die Ehrenpromotion aufgenommen hatte, nämlich im Sinne von 1. Kor. 4, 7a.

Noch vor dem Geburtstag war ich durch den Ministerpräsidenten Zinn in den Forschungsrat des Landes Hessen berufen worden, in dem ich weit über den hier beschriebenen Zeitraum hinaus blieb. Der Forschungsrat tagte mehrmals im Jahr in Wiesbaden, und zwar meist unter Zinns Vorsitz. Er bot ausgezeichnete Referate aus verschiedenen Wissensbereichen, gern aus solchen mit aktuellen Bezügen. An das Referat schloß sich eine Diskussion, die fast stets ergiebig war. Zuletzt faßte Zinn kurz zusammen und fragte, ob das Land Hessen aus dem Vorgetragenen irgendwelche praktischen Maßnahmen folgern könne und welche. Ich verdanke diesem Kreis, in dem ich zwar nicht referiert habe, doch zu dessen Diskussion ich manchmal beitragen konnte, viel Anregung.

Zu Pfingsten des Jahres traf mich nach soviel Erfreulichem ein harter Schlag, der Tod meiner älteren Schwester Else. Am Pfingstsonnabend erhielt ich ein Telegramm meiner Schwester Marie, daß Else im Quedlinburger Krankenhaus gestorben sei. Da sie, Marie, mit einer schweren Erkältung im Bett liege, müsse ich hinfahren, um alles zu ordnen. Ich gab sofort an das Krankenhaus eine Eilnachricht, in der ich bat, mir alsbald durch Telegramm den Sterbefall und die Notwendigkeit meines Kommens zu bestätigen. Das Telegramm kam in der Frühe des Pfingstsonntags, so daß ich den Morgenzug nach Halberstadt noch erreichte. Es hat mir als eine Art vorläufige Einreisegenehmigung gedient, bis ich in Quedlinburg die endgültige bekam. In Quedlinburg begab ich mich schnellstens ins Krankenhaus; doch war Else schon eingesargt. Da ich Unterkunftsschwierigkeiten hatte, überließ mir das Krankenhaus freundlicherweise gegen mäßige Zahlung für einige Tage ein freigewordenes Krankenzimmer. Von meinen beiden Brüdern konnte weder Otto aus Westberlin noch Hans aus Ostberlin kommen. Indes schickte Hans mir wenigstens seine Ostberliner Schwiegertochter zu. Sie war mir nicht nur innerlich eine Hilfe, sondern auch ein Beistand in äußeren Dingen, da sie als Angehörige der DDR bei den Behörden besser ankam als ich, die Westdeutsche. In der Zeit vor der Trauerfeier konnte ich nicht umhin, mancherlei zu beobachten. Es fiel mir auf, daß allerlei nötige Konsumgüter weit schwerer zu erhalten waren als im Westen. Aber das mochte noch hingehen. Viel mehr fiel aufs Herz, wie gedrückt die Atmosphäre war. Obwohl schönes Maiwetter herrschte, ertappte ich mich immer wieder auf der seltsamen Vorstellung, daß es regne. Wirklich zuhause gefühlt habe ich mich nur in der Viertelstunde, in der ich mit dem Pfarrer die Trauerfeier besprach, und in dieser Feier selbst, für die ich 1. Joh. 4,16 b erbeten hatte. Beide Male wurde auch der persönliche Schmerz nicht durch jenen politischen Druck überlagert. Allerdings wich dieser erst ganz, als ich wieder nach dem Westen zurückgekehrt war. Dem persönlichen Schmerz, der nun offen zutage trat, wirkte manches mildernd entgegen. Der Arzt hatte mir versichert, daß Elses Tod ein rascher Herztod gewesen sei. Sodann war ich im Krankenhaus immer wieder Spuren ihres freundlichen Wesens begegnet. Sowie es mit ihrem Herzleiden besser ging, hatte sie sich durch allerlei Liebesdienste nützlich gemacht. Das war tröstlich zu denken.

Zu dem Schweren trat auch noch das Beschwerliche hinzu. Schon 55 hatte sich in zunehmendem Maße gezeigt, daß zwischen Frau Krause und mir einerseits und der Partnerfamilie andererseits ein wirklich harmonisches Zusammenleben auf die Dauer nicht möglich war; da ich in meiner vorigen Wohnung 20 Jahre hindurch mit den Familien Lommatzsch und Arndt in bester Harmonie gelebt hatte, hatte ich naiverweise angenommen, es müsse immer so sein. Damit hatte ich mich geirrt. Langsam, aber sicher reifte in mir der Plan, das Verhältnis durch Auszug meinerseits zu lösen. Dabei dachte ich nicht zuletzt an Frau Krause, die ja mehr als ich im Hause tätig war und von jener Disharmonie daher noch unmittelbarer berührt wurde. Doch war es nicht einfach, eine Wohnung zu finden, die wirklich paßte und die nötige Arbeitsruhe bot. Da kam uns ein Zufall zu Hilfe. Durch ihn fanden wir eine

Wohnung in einer schönen Südvilla, die auf dem „Rotenberg", einer mäßig ansteigenden Ausfallstraße Marburgs, gelegen war. Der Eigentümer, Professor Demnitz, war pensioniert und lebte dort als Witwer zusammen mit seiner berufstätigen Tochter. Das Haus kehrte der Straße Küche, Treppenhaus usw. zu und öffnete seine Wohnräume nach Süden zu einem großen abfallenden Gartengelände, das bis in die Talsohle hinab auch noch Demnitzsches Eigentum war. Das uns zugesagte Erdgeschoß reichte in diesen Garten mit einer kleinen Terasse hinein, auf der sehr gut weilen war. Als Einzugstermin wurde Ende September vereinbart. In dieser „Traumwohnung" haben Frau Krause und ich bis 1960, also vier Jahre lang gewohnt und damit noch etwas über den Tod von Professor Demnitz hinaus, der sich uns stets als freundlicher Hauswirt erwiesen hat. Wenn wir nach vier Jahren dennoch schweren Herzens die Traumwohnung aufgaben zugunsten der Wohnung, in der ich jetzt fast neun Jahre hause, so, weil sie eben doch ziemlich hoch und zugleich verkehrsfern lag. Im Sommer war der Aufstieg beschwerlich, während der winterliche Abstieg mitunter geradezu riskant war. Daß wir beide nicht jünger wurden, mußte wohl oder übel schließlich eingerechnet werden. Daher der Abschied. Aber auch heute noch denke ich mit Wehmut an diese Wohnung zurück, die ich als die mir angemessenste empfunden habe. Doch damit habe ich vorgegriffen und muß nun nachholen, daß der Umzug in die Traumwohnung pünktlich stattfand und daß mein Neffe Dankmar mir dabei mit Umsicht und Tatkraft geholfen hat.

Vorher hatte ich im Juli noch beide Spitzers gesehen; es war das letzte – mal, daß ich ihm, der 1960 starb, lebend begegnete. Auch hatte ich vorher in Freudenstadt eine Erholung eingebracht, an die sich ein Besuch bei meiner Schwester Marie schloß. In Freudenstadt fing ich das Fotografieren an, das mir Frau Krause als Steckenpferd und als wohltätige Entspannung in bewegten Zeiten angeraten hatte. Es hat auch wirklich seine großen Vorzüge. Es erzieht zu genauerem Sehen, es hält schöne Erinnerungen fest, in meinem Fall besonders die an schöne Landschaften, und es erlaubt einem, auch andere kleine, aber sehr persönliche Freuden zu machen. In diesem Sinn hat es mich bis heute begleitet.

Am Schlusse des Jahres, am 13.11., reichte ich meinen Antrag auf Emeritierung ein und erbat sie für den 31.3.57. Zu diesem Zeitpunkt war ich 66 Jahre alt, hatte also das Mindestalter für eine Emeritierung schon um ein Jahr überschritten. Daß ich nicht noch bis Ostern 59 blieb, was in Hessen möglich gewesen wäre, hatte seine Gründe. In den Jahren 45-57 hatte ich gegenüber den mancherlei Tätigkeiten im öffentlichen Leben das Lehramt und die Wörterbucharbeit nicht vernachlässigt. Das hatte den Vorteil, daß eine Art ruhender Grund das politische Vielerlei erträglicher gemacht hatte. Aber es führte mehr und mehr dazu, daß ich mit meiner Zeit genauestens haushalten mußte um durchzukommen, und daß die nötigen Entspannungsstunden allzu dünn gesät waren. Selbst mit meinen alten Freunden kam ich auf die Dauer zu wenig zusammen. Das galt auch von meiner ältesten Freundin, der Geigerin Lili Gebhard, die mich schon von Berlin her kannte und die später mit den Ihren nach Marburg gezogen war. Freilich hatte sie durch Unterricht usw. auch ihrerseits viele Verpflichtungen. Umso erfreulicher war, wenn sich einmal ein paar gemeinsame Ferientage einrichten ließen, wie z. B. (mit Elli Siegel als Dritter im Bunde) Anfang 49 auf dem Didoll oder Anfang 53 auf dem Frauenberg. Bedauerlich und dennoch wahr ist auch das Folgende: erst nach meiner Emeritierung war es mir möglich, mit Hilfe eines Plattenspielers und schöner Platten zu entdecken, daß es Mozart „gibt" und daß er sogar ein Gewinn für immer ist. – Mit steigenden Jahren ließ sich dieses Tempo nicht länger durchhalten. Auch beabsichtigte ich, das Mehr an Zeit, das die Emeritierung gewährte, und das ich durch Einschränkung des öffentlichen Wirkens noch zu steigern gedachte, nur zu einem Teil auf mehr Entspannung zu wenden, zum anderen Teil auf noch intensivere Wörterbucharbeit. Zu diesen allgemeinen Erwägungen kam hinzu, daß 56 doch ein recht bepacktes Jahr gewesen war und daß mein Herz, von dem ich bis dahin wenig gespürt hatte, sich deutlich bemerkbar zu machen anfing. All das bestimmte meinen Entschluß.

Vor dem Einreichen ging ich zum Dekan (Rammelmeyer), um mit ihm einige Formalitäten abzusprechen. Dieser hatte durch die MTA (= Marburger Telegrafen-Agentur) von meiner Absicht schon gehört und offenbar nicht erst kürzlich. Denn er hatte schon mit einigen anderen Kollegen darüber gesprochen, daß man zum Abschluß meines Wirkens noch ein persönliches Ordinariat für mich beantragen sollte. Zu dem Zweck müsse ich aber, so sagte er mir, noch ein Jahr im Lehramt bleiben (aus welchen Gründen das nötig war, weiß ich nicht mehr). Ich dankte für die gute Absicht, sagte aber, daß ich mir das 24 Stunden überlegen müsse. Denn ich könne in solchen Dingen niemals nur persönlich handeln, sondern müsse auch auf die ganze Gilde blicken. Ich besprach die Sache auch genau mit Frau Blochmann, mit der ich derlei zu besprechen pflegte. Dann ging ich wieder zum Dekan und sagte ihm Folgendes: Weder die Fakultät noch ich hätten das ja auch nur mit Mühe erlangte Extraordinariat für eine volle Anerkennung meines Wirkens gehalten, wenn es mir auch Sitz und Stimme in der Fakultät gebracht habe. Wir hätten darin beide nur die endlich nötige Absicherung gesehen, die mir ein ruhigeres Arbeiten am Wörterbuch gestattete. Die Anerkennung sei von anderer Seite gekommen, nämlich durch die Ehrenpromotion von 1948. Damit müsse es nun aber auch sein Bewenden haben, da mir mein derzeitiger Gesundheitszustand ein weiteres Amtsjahr nicht gestatte. Wenn infolgedessen mit dem Extraordinariat eine gewisse Ungerechtigkeit bestehen bleibe, so könnte dies als Hinweis auf die immer noch prekäre Lage der Dozentinnen zeichenhaft und daher nützlich wirken. Daß die Fakultät sich noch einmal für mich habe einsetzen wollen, erkennte ich natürlich dankbar an. In etwa zu schreibenden Erinnerungen würde ich das ausdrücklich hervorheben (was hiermit geschieht!). So wurde denn also am 13.11. die Emeritierung für den 31.3.57 beantragt.

Die Herzbeschwerden, von denen ich sprach, verlangten nun doch eine gründliche Behandlung. Daher ging ich, indem ich mich für den Winter 56/57 beurlauben ließ, nach Bad Orb in das vorzügliche Sanatorium Annenhof. Dort durchleuchtete mich der Chefarzt, Dr. Zipp, und sagte dann etwas erstaunt: „Sie haben ja eine Herzerweiterung wie ein alter Maurer. Ich denke, Sie haben mit dem Kopf gearbeitet." „Habe ich auch, aber auch mit den Armen. Die rund acht Pfund schweren Zettelkästen des Wörterbuchs laufen nämlich nicht in Scharnieren, sondern müssen frei manipuliert werden." „Was für eine unmögliche Arbeitshygiene!

Das mit diesen Kästen muß natürlich sofort abgestellt werden und, ehe das nicht der Fall ist, rühren Sie keinen Kasten mehr an. Bisher hat sich Ihr Herz nach Ihnen gerichtet. Ab jetzt müssen Sie sich nach Ihrem Herzen richten. Tun Sie das nicht, wird die Kurve schnell weiter absinken. Tun Sie es, dann können Sie noch längere Jahre mit verkleinertem Aktionsradius weiterarbeiten." So hatten also zu meinen Herzbeschwerden außer dem seelischen Druck auch die arbeitshygienisch nicht zu verantwortenden Kästen beigetragen. Aus Unkenntnis und Geldmangel hatte Wrede sie seinerzeit angeschafft, und aus eben diesen Gründen hatte ich nichts daran geändert. Nun wurde das natürlich abgestellt. Kurz vor Weihnachten kehrte ich erheblich gebessert nach Marburg zurück. Die klare Anweisung bezüglich meines Herzens habe ich ab sofort befolgt, und ich befolge sie heute noch.

In der Silvesternacht 56/57 stellte ich wie alljährlich eine kurze Rückschau an, diesmal eine auf ein besonders ereignisreiches Jahr. Ich stand auf der kleinen Terasse der Traumwohnung. Neujahrsgeschrei, doch auch Neujahrsläuten drang nicht bis dahin. Nur, daß man ein paar ferne Raketen steigen sah und verzischen hörte. Gegenüber dem stillen Sternenhimmel besagte das freilich nicht viel.

Das Jahr 1957 brachte gleich am 4.1. einen ebenso unerwarteten wie willkommenen Besuch, nämlich den von Frau Palucca. Sie leitete inzwischen die Tanzschule in Dresden, ihrem langjährigen Wohnsitz. Doch gestattete man ihr von Amts wegen Reisen nach dem Westen wie die, auf der sie mich nun besuchte, und vor allem Erholungsreisen nach dem immer noch von ihr geliebten Sylt. Wir sprachen natürlich viel von den alten Zeiten auf dem Sylter „Ellenbogen" und auch davon, daß durch den Tod von Emmi Mertes und Herrn Steen die ohnehin kleine Gemeinschaft noch kleiner geworden sei.

Im weiteren Verlauf des ersten Vierteljahres ging nun die Emeritierungsangelegenheit weiter. Am 22.1. hielt ich das letzte Staatsexamen. Am 31.3. übergab mir der Rektor (Wagner) die Emeritierungsurkunde. Schon vorher, am 16.1., hatte ich Dr. Johanna Lürßen die Akten des Hochschulausschusses des DAB übergeben, wobei ich mich freilich bereiterklärte, meiner Nachfolgerin etwa gewünschte Überleitungshilfe zu leisten.

Es lag überhaupt nicht so, daß ich nun plötzlich alles beiseiteschob. Die wissenschaftliche Arbeit am Wörterbuch ging ja ohnehin weiter. Und auch im öffentlichen Leben tat ich nicht etwa plötzlich gar nichts mehr. Aber ein sehr deutlicher Einschnitt war die Emeritierung eben doch.

An meinem letzten „Schultag", dem 31.3., ließ ich mich von Frau Krause auf der kleinen Terasse fotografieren. Ich hatte mir zu dem Zweck eine Schultüte beschafft, die ich nun freilich umgekehrt hielt, also mit der Spitze nach oben. Hinterher fiel mir ein, daß das ein bischen an den Genius mit der gesenkten Fackel erinnerte. Mochte das ruhig so sein! Wenn man aus einem Amt scheidet, dem man über 33 Jahre hindurch mit besten Kräften zu dienen gesucht hat, und wenn man gleichzeitig mehr als elf Jahre angespannter Öffentlichkeitsarbeit in ein langsames Tempo zu überführen sich anschickt, ja sich anschikken muß, dann rührt beides doch schon etwas an die Unwiderruflichkeit des Abschieds. Jedem Pathos abhold hatte ich das auf meine Art in das Symbol der gesenkten Schultüte umgesetzt.

7. Zum Abschluss (1957–1969)

In diesem Schlußkapitel kann ich mich kurz fassen. Denn für alles, was hier zu berichten ist, wurden die Weichen schon vorher gestellt. So genügt es, wenn ich unter Verzicht auf annalistisches Vorgehen (52) die Linie für die wichtigsten Einzelentwicklungen nacheinander durchziehe.

Die Arbeit am Wörterbuch und seiner Publikation schritt auch in diesem Zeitraum weiter. Der ganz von „S“ beanspruchte Band 3 des Volkswörterbuchs erschien 1967 (53). Zur Zeit ist die erste Doppellieferung des 4. Bandes im Druck. Unter den begleitenden Aufsätzen sei nur einer ausgehoben, weil er stark ins Grundsätzliche geht: „Schwierige Wortdeutungen im Mundartwörterbuch" (1963). – Wichtig ist, daß ich im Blick auf mein Alter für einen Nachfolger in der Leitung des Wörterbuchs zu sorgen suchte. In Dr. Hans Friebertshäuser bot sich ein solcher an. Seit 54 hatte er am Wörterbuch mitgearbeitet, erst als „Stundenhilfe", schließlich als an das Wörterbuch beurlaubter Studienrat. Von Dr. Kroh und mir planmäßig in alle wichtigen Fragen eingeführt, war er in seine Tätigkeit immer mehr hineingewachsen. Auch mangelt ihm nicht das für diese Art Arbeit nötige Ethos. So kam es, daß ich mit ihm seine Habilitation besprach. Er war einverstanden und hat inzwischen die nötigen Habilitationsleistungen erbracht.

Daß ich die Tätigkeit im öffentlichen Leben nicht ganz aufgab, sagte ich schon (S. 93). Wenn jemand weiß, daß die Demokratie nicht von der Luft leben kann, sondern nur von dem lebendigen Interesse der Bürger, dann gibt er nicht so leicht alles auf. Freilich weiß er zugleich, daß man auch an Ehrenämtern nicht kleben darf, sondern sich rechtzeitig zurückziehen muß. Längere Jahre war ich noch im Hauptausschuß der Marburger FDP tätig. Doch wirkte ich zeitweilig auch im Kulturpolitischen Landesausschuß dieser Partei mit. Mitglied der städtischen Kulturdeputation war ich noch für zwei Perioden, nämlich für die Jahre 60-64 und 64-68. In ihr nahm ich mich, wie ja auch früher schon, besonders des Marburger Schauspiels an. – Daß ich im DAB zur Übergangshilfe bereit war, habe ich schon erwähnt (S. 93). Ich habe sie gern geleistet. Das Jahr 61 rief mich dann noch einmal recht nachdrücklich für die Ziele des Bundes auf den Plan. Im Auftrag seines Vorstands entwarf ich eine „Stellungnahme zu den Empfehlungen des Wissenschaftsrates", an dessen Wortlaut der Vorstand kaum etwas zu ändern fand. Sie ist übrigens auch gedruckt worden, und zwar im Februarheft 1961 der „Informationen für die Frau". Die „Stellungnahme" ging dann an den Wissenschaftsrat und an sämtliche Hochschulrektoren. In einem für Reformen günstigen Augenblick hatte ich hier die Misere der deutschen Dozentinnen und die unbedingt nötigen Abhilfen noch einmal so deutlich wie möglich zu machen gesucht. Das blieb auch nicht ganz ohne Wirkung. In Marburg selbst aber habe ich erlebt, daß der Habilitation Schimmel (s. S. 67) noch einige weitere Habilitationen von Frauen folgten und den Berufungen Berthold und Blochmann (s. S. 80 ff.) die der Statistikerin Asta Hampe (1963). – Schließlich brachte mir das Jahr 65 noch einmal ein neues Ehrenamt. In dem Dreierkollegium, das der Marburger Gesellschaft für christlich-jüdische Zusammenarbeit vorsteht, übernahm ich im März 65 den Posten der evangelischen Vorsitzenden. In dieser Gesellschaft geschah und geschieht sehr Nötiges für den Abbau von Vorurteilen, deren furchtbare Folgen 1933-45 zutage getreten sind. Ich habe diesen Posten erst Anfang 69 niedergelegt, weil ich die damit verbundenen Tagungsreisen nicht mehr leisten kann. Meine bis dahin aufgewandten Mühen dankte man mir mit der Wahl zur Ehrenvorsitzenden.

Das fortschreitende Alter, besonders aber Geburtstage, an denen es sich „nullt“ oder „fünft", bringen gleichfalls Ehrungen. Reich an solchen war mein 70. Geburtstag (1961). Ich wurde Marburger Dr. iur. h. c. und erhielt die Goetheplakette des Landes Hessen. Durch sie sah ich ein Verhältnis liebender Verehrung für Goethe gekrönt, das einst schon bei dem alten Bücherschrank (S.11) begonnen und sich organisch weiterentwickelt hatte. Das Ehrendoktordiplom der Juristen blickte gleich dem der Theologen zunächst auf das Hessen-Nassauische Volkswörterbuch. Wie dies Beiträge zur religiösen Volkskunde enthält, so gewährt es in der Tat auch Einblicke in das Rechtsdenken des Volkes. Nach der charakterlichen Seite hin sprach das Diplom von dem starken Rechtsempfinden der Promovierten und von der Entschiedenheit, mit der sie für das als Recht Erkannte auch eintrete. In meinem Dank am 27.1.61 sagte ich dann, daß meine Mutter mir einst im Blick auf jene Eigenschaften das Schicksal des Michael Kohlhaas prophezeit habe. Nun habe es ja doch günstiger geendet. Sehr erfreut hat mich auch, daß ich in der Gesellschaft für Deutsche Sprache 1961 Ehrenmitglied wurde. Hat sie doch seit ihrer Gründung bis heute deren nur drei gewählt. Gegenüber der immer wieder auftauchenden Überbetonung der Fremdwortfrage hatte ich mich in ihr stets aufs neue für eine umfassende und tiefgreifende Sprachpflege eingesetzt. Zu meiner besonderen Freude aber wurde mir Heft 1 der Zeitschrift für Mundartforschung Bd. 29 gewidmet und Band 4 der „Wortforschung in europäischen Bezügen“ von deren Herausgeber L. E. Schmitt als Festschrift vorerst zugesagt und späterhin auch überreicht. – Der 75. Geburtstag (1966) zeitigte als schönste Gabe die in der Vorbemerkung genannte Sammlung von Geburtstagsbriefen, die auch an diesen Aufzeichnungen hier „mitschuldig“ ist.

Das zunehmende Alter brachte auch körperliche Mängel mit sich. So mußten die sommerlichen Reisen stark unter den Gesichtspunkt der Erholung, wenn nicht gar der Kur gestellt werden. Zwei Bildungsreisen habe ich gleichwohl noch ermöglicht. Weihnachten 63 fuhr ich eine Woche lang zur See um den italienischen „Stiefel“ und bekam dabei einen Tag Rom mit. Im Frühjahr 66 aber machte ich eine Neun-Tage-Reise von Venedig über Athen ins Ägäische Meer. So kam ich auch zu einem Tag Athen. Ein Tag Rom und ein Tag Athen, das klingt seltsam und ist auch seltsam. Und doch macht es etwas aus, ob man das Forum, den Petersdom und die Akropolis nur von Bildern her kennt oder ob man sie einmal betreten hat. Zwei weitere Reisewünsche werde ich mir nicht mehr erfüllen können. Ich meine den Besuch des Heiligen Landes und, in weitem Abstand davon, eine Reise nach Tonneins in der Guyenne, dem Herkunftsort der Saint-Blanquarts.

Das Alter brachte indes nicht nur Mängel und den Zwang zu Kuren, sondern auch den Verlust von Freunden und Verwandten. Abgerufen wurden die drei Geschwister Hans, Marie und Otto. Besonders tief traf mich der Tod von Marie (1959). Man geht nicht umsonst ein ganzes Leben lang Hand in Hand durch dick und dünn. Der Tod von Otto (1969) aber hatte noch den besonderen Akzent, daß er mich als letztes Glied des Geschwisterkreises zurückließ. Es gingen gute Freunde, wie die beiden Rechenbergs, wie Prof. Freudenberg, der seiner schon vor Jahren gestorbenen Frau nachfolgte, wie Lili Gebhard, wie mein alter Mitarbeiter Dr. Kroh. Es gingen Kollegen, die mir besonders nahe standen, wie K. Helm und F. Heiler. So manchmal mußte ich an die Abschiedssymphonie von Haydn denken, in deren Finale ein Musiker nach dem anderen sein Instrument einpackt, seine Kerze auslöscht und leise davongeht. Indes, sie haben ihr Instrument gespielt – auch in meinem Leben – und mit diesem Spiel über sich hinaus gewiesen. „Und so bevölkert sich das hohe Drüben für die alternden Gefährten.“

Es liegt nicht so, als ob ich nun ohne Verwandte und Freunde wäre. Ich habe immerhin mehrere Nichten und den schon öfter erwähnten Neffen Dankmar samt ihren Ehegefährten und Kindern. Dankmar, der im Fürstentum Liechtenstein wohnt, ist mir dadurch allerdings ziemlich entrückt. Dafür ist meine Nichte Gabriele Stückrath, die zugleich mein Patenkind ist, mir durch ihre Heirat nach Frankfurt näher gekommen. Und an Freunden sind im Lauf der Zeit nicht nur viele gegangen, sondern auch einige hinzugekommen. Seit dem Ende der vierziger Jahre haben sich zu dem Ehepaar Reinhardt sehr freundliche Beziehungen gebildet. Und Armgart von Uslar-Gleichen sowie Margarete Trost, die einst Emmi Mertes nahestanden, haben nach deren Heimgang ihre Freundschaft auf mich übertragen. Allerdings hat sich der Gesamtbestand an Verwandten und Freunden doch so gelichtet, daß jeder neue Verlust doppelt und dreifach zählt. Auch läßt er natürlich den Gedanken an das eigene Hinscheiden deutlich vor Augen treten.

Wenn ich fortgehe, dann werde ich eine Welt verlassen, die sich gegenüber der von 1891 grundstürzend gewandelt hat. Gewiß verläßt jeder eine andere Welt als die, die er einst betrat. Aber ein derartig radikaler Umbruch wie der von kurz vor 1900 bis heute steht doch wohl einzig da. Und das gilt, in welchen Bereich man auch blicke, im politischen Bereich, im sozialen, im religiösen u. s. w. – Bald nach dem Bombenwurf auf Hiroshima und Nagasaki interviewte mich ein gescheiter Amerikaner, ein Mr. Feibel, über meine politischen Ansichten. Zum Schlusse stellte er die Frage nach meiner Ansicht über die weitere Gesamtentwicklung. Ich erwiderte ohne Zögern, das sei rasch zu beantworten. Es gehe um die Entscheidung „Eine Welt oder keine Welt“. Im Rückblick wundert mich diese Antwort immer wieder. Doch erinnere ich mich ihrer mit voller Bestimmtheit. Ja, ich sehe sogar noch das Gesicht des Fragenden vor mir. Die Antwort traf tatsächlich den Nagel auf den Kopf. Ungeheure zentrifugale Kräfte drohen die Welt zu sprengen. Ihnen entgegen wirken jedoch auch starke zentripetale Kräfte, nicht zuletzt ein um Ökumene bemühtes Christentum, die es in jeder Weise zu stützen gilt. Das Ende ist noch gar nicht abzusehen. Gegenüber diesem Doppelgeschehen scheinen alle Einzelschicksale sehr klein. Und doch werden zu dem, was geschieht, die Bemühungen der Einzelmenschen Entscheidendes beitragen. Und das Geschehen wird wieder auf die Einzelmenschen und ihre Schicksale zurückwirken. Von da aus gesehen schien es doch nicht sinnlos, auch hier von einem Einzelmenschen und seinen Bemühungen zu berichten.

Anmerkungen

1) Erschienen in „Schriften des Vereins für Sozialpolitik“ Bd. 31 (1886)
2) Siehe hierzu die aus Gertrud Bäumers „Erinnerungen“ geschöpften S. 82-84 bei Erich Dauzenroth, Frauenbewegung und Frauenbildung (1964). – Roethes Haltung war symptomatisch für die eines größeren Kreises, der – gleich der Zeitung „Die Post“ – in der Mädchenschulreform von 1908 und der Immatrikulation für Frauen „die schwerste Niederlage“ des friderizianischen Staates erblickte.
3) Siehe zu diesem Festakt Eduard Spranger, Berliner Geist (1966) S. 208 f.
4) Dazu auch A. M. Heiler in Alma mater Philippina, WS. 1964/65, S. 21 ff.
5) Erschienen in den Theologischen Blättern 1939 Nr. 1 Sp. 1 ff.
6) Siehe Schweizerische Hochschulztg. 20. Jg. S. 193.
7) Frings braucht ihn auf S. 184 von H. Aubin, Th. Frings und Jos. Müller, Kulturströmungen und Kulturprovinzen in den Rheinlanden, 1926.
8) Ferd. Wrede, Kleine Schriften, her. v. L. Berthold, B. Martin und W. Mitzka, 1963, S. 336.
9) Arthur Hübner, Die Mundart der Heimat (1925), S. 58 Anm. 1.
10) Siehe F. Wrede, Kleine Schriften, S. 342, Z. 6-8.
11) Siehe F. Wrede, Kleine Schriften, S. 335, auch S. 310, Z. 1-3 v. u.
12) Von Wenker zu Wrede, Dem Herausgeber des „Deutschen Sprachatlas“ Ferdinand Wrede zum 70. Geburtstage von seinen Marburger Mitarbeitern (= Deutsche Dialektgeographie Bd. 21), 1933, S. 28.
13) Siehe F. Wrede, Kleine Schriften, S. 391.
14) Siehe die Besprechung eines Buches von H. Hirt durch Frings in Zschr. f. dt. Mundarten 1921, S. 89 f.
15) H. Kuhn in „Von Wenker zu Wrede“ (s. Anm. 12), S. 38 Anm. 2.
16) In der Deutschen Literaturzeitung Jg. 34 Nr. 17.
17) O. Stöckicht, Sprache, Landschaft und Geschichte des Elsaß. 1942.

18) Dazu jetzt auch Gerhard Ritter in Bd. 4 von „Staatskunst und Kriegshandwerk", 1968.

19) Durch Erlaß vom 30.11.1918, wie mir mein hiesiger Kollege E. Nolte freundlichst mitgeteilt hat.

20) Th. Heuß, Erinnerungen 1905-33 (Fischer-Bücherei Bd. 700), S. 188.

21) Wrede in den Sitzungsberichten der Berliner Akademie der Wissenschaften vom 28.1.1915.

22) Vom „Zwang der Sache" sprach Hübner auf S. 127 der in der folgenden Anmerkung genannten Rezension.

23) A. Götze: s. Zschr. f. dt. Philologie 54, 112 ff.; K. Helm: s. Hess. Blätter f. Volkskunde 26, 204 ff.; H. Teuchert: s. Teuthonista 4, 295 f.; A. Hübner: s. Dtsch. Literaturzeitung 1928 Sp. 1456 ff. und (daraus wiederholt) Arthur Hübner, Kleine Schriften zur deutschen Philologie, 1940. S. 126 ff.

24) Siehe F. Wrede, Kleine Schriften, S. 379.

25) Siehe Teuthonista 2, 1 ff.

26) Siehe Götze zu Frings, Germania romana in Teuthonista 9, 172 f.

27) Ich denke dabei an Aufsätze wie „Mittelalterliche Sprichwörter und das moderne Mundartwörterbuch" (Hess. Blätter f. Volkskunde 39, 64 ff.) oder „Nachwirkungen des Passionsspiels in der Mundart" (ebd. 60, 107 ff.).

28) Es handelt sich um das in Anm. 12 erwähnte Buch.

29) Siehe Helm, Hess. Blätter f. Volkskunde 27, 227 f.

30) „Mein Kampf" (M. K.) ist nach der 12. Auflage (1932) zitiert. Die Sigle „Hofer" aber meint: Der Nationalsozialismus, Dokumente 1933-45, her. von K. Hofer, 1957.

31) Siehe Jos. Wulf, Literatur und Dichtung im Dritten Reich (Ro-ro-ro-Buch 809-11), 1966, S. 27.

32) Siehe H. Heiber, Die Republik von Weimar (dtv-Weltgesch. Bd. 3), S. 1.

33) Das Zitat aus Burckhardt bei Hofer (dazu Anm. 30) S. 367.

34) Daß „Mein Kampf" in völlig unzureichendem Maße gelesen und beachtet worden ist, zeigte inzwischen Karl Lange, Hitlers unbeachtete Maximen, Stuttgart 1968. Dabei war schon in ihm Hitlers „Weltanschauung" so geschlossen bekundet, wie er sie auch später durchgehalten hat (s. E. Jäckel, Hitlers Weltanschauung, Tübgn. 1969).

35) Siehe Roepke selbst in Alma mater Philippina, WS. 1965/66, S. 18 ff.

36) Siehe die von Wolfgang Philipp abgefaßte Beilage „Friedrich Heiler" zu „Una sancta" 1967/IV.

37) Über v. Soden s. das von Landesbischof Wüstemann abgefaßte Geleitwort zu H. v. Soden, Wahrheit in Christus (1947).

38) Hermelink: s. den Nachruf auf ihn von F. Heiler in der Oberhessischen Presse, Marburg, vom 15.2.1958.

39) Zu solchen Verbrennungen s. das in Anm. 31 genannte Werk auf S. 45 und 53 ff.

40) Siehe Alma mater Philippina, WS. 1965/66, auf S. 28 f.

41) Gut geschildert hat sie für Marburg Lisa de Boor, Tagebuchblätter aus den Jahren 1938 bis 45. München, Biederstein, 1953.

42) Siehe Hübner, Kleine Schriften (dazu Anm. 23) auf S. 129.

43) Ab dem 28.3.45 konnte ich unbeschrien mein kleines Tatsachentagebuch führen, auf das ich mich im folgenden weithin stütze.

44) Siehe G. Radbruch, Der innere Weg, 2. Auflage, 1961, S. 148 f.

45) „Ein Jahr Christlicher Nothilfe in Marburg a. d. L. 1945/46“ (Johannes Stauda-Verlag, Kassel) und „Das zweite Jahr Christlicher Nothilfe in Marburg a. d. L. (1.4.46 – 31.3.47)“.

46) Der zweite Bericht umfaßt die Zeit 1.8.46 – 31.12.47. Ich begnüge mich hier mit einem Hinweis auf diese beiden Berichte, denen natürlich weitere gefolgt sind.

47) „Gnade des Nullpunktes": s. F. Andrae und Sybil Gräfin Schönfeldt, Deutsche Demokratie von Bebel bis Heuß, 1968, S. 224.

48) Siehe Mitteilungsblatt des Deutschen Akademikerinnenbundes Nr. 36 (Juli 1969).

49) Einen Auszug aus meinem Referat brachte „Mädchenbildung und Frauenschaffen“ 2, 43 ff.

50) In ihrer Dezembernummer 1958.

51) Siehe zu ihr auch „Mädchenbildung und Frauenschaffen“ 4, 558.

52) Das annalistische Vorgehen habe ich überhaupt nach Möglichkeit zu vermeiden gesucht. Im 6. Kapitel ließ es sich allerdings oftmals nicht umgehen. Die chaotischen Zustände, die 1945 hereinbrachen und nur allmählich geordneteren wichen, erlaubten zumeist keine abgewogene Darstellung.

53) Hessen-Nassauisches Volkswörterbuch, unter Förderung durch den Hessischen Kultusminister ... bearbeitet von Luise Berthold, III. Band (als II. erschienen): „S“. Marburg, N. G. Elwert, 1967.

54) Daß ich aus den genannten Gründen eine „neuartige Darstellungsweise auszubilden“ genötigt war, hat immerhin einer meiner Rezensenten beobachtet, nämlich F. Stroh (s. Mitteilungsblätter des Hist. Ver. f. Hessen Bd. 7 Heft 4).

Prof. Dr. Marita Metz-Becker (Hg.)

31.12.1953. 1971-1974 Studium der Sozialpädagogik an der Fachhochschule Gießen. 1974-1977 Studium der Erziehungswissenschaften an der Philipps-Universität Marburg. 1977 Diplom in Pädagogik. 1977-1979 Hauptamtliche Pädagogische Leiterin des FB Sozialwissenschaften/Kultur an der Kreisvolkshochschule Gießen. 1981-1986 Studium der Europäischen Ethnologie an der Universität Marburg. Sprachkurse in Spanisch (mit Examen). 1986 Promotion. 1996 Habilitation im Fach Europäische Ethnologie/Kulturwissenschaft an der Philipps-Universität Marburg. 1996-2002 Privatdozentin, seit 2003 apl-Professorin in Marburg. Lehraufträge an den Universitäten Göttingen, Hamburg, Berlin (Humboldt-Universität), Jena, Graz, Bamberg. Sommersemester 1998 Vertretung des C4-Lehrstuhls für Volkskunde an der Friedrich-Schiller-Universität Jena. Verantwortliche Leitung zahlreicher Ausstellungsprojekte sowie Leitung mehrerer wissenschaftlicher Symposien in Zusammenarbeit mit der Universität Marburg. Vortragsreisen ins Ausland. Mitglied im wissenschaftlichen Beirat verschiedener überregionaler Ausstellungsprojekte und Museen.

Forschungsschwerpunkte: Kulturgeschichte (Alltag, Familie, Bürgertum, Geschlecht, Medikalisierung), Orts- und Regionalforschung, kultureller Wandel, Biographieforschung, Museumspädagogik.